鬼谷子纵横智慧

兰彦岭——著

廣東旅游出版社
GUANGDONG TRAVEL & TOURISM PRESS
悦读书·悦旅行·悦享人生
中国·广州

图书在版编目（CIP）数据

鬼谷子纵横智慧 / 兰彦岭著 . — 广州 : 广东旅游出版社 , 2021.8（2023.12重印）
ISBN 978-7-5570-2504-5

Ⅰ . ①鬼… Ⅱ . ①兰… Ⅲ . ①纵横家②《鬼谷子》- 通俗读物 Ⅳ . ① B228-49

中国版本图书馆CIP数据核字（2021）第 119797 号

出 版 人：刘志松
责任编辑：江丽芝
责任校对：李瑞苑
责任技编：冼志良

鬼谷子纵横智慧
GUIGUZI ZONGHENG ZHIHUI

广东旅游出版社出版发行
（广州市荔湾区沙面北街 71 号 邮编：510130）
印刷：北京晨旭印刷厂
（北京市密云县西田各庄镇西田各庄村）
联系电话：020-87347732　　邮编：510130
787 毫米 ×1092 毫米　16 开　22.5 印张　241 千字
2023 年 12 月第 1 版第 2 次印刷
定价：88.00 元

名家推荐

透析智圣智慧，叩问领导之道；修炼圣贤怀抱，培养豪杰精神，鬼谷子的思想影响深远。兰彦岭老师所讲授的鬼谷子智慧解释了以道御术的真谛，具有很好的借鉴价值！

中国政法大学商学院教授、博士生导师、《百家讲坛》主讲人

李　晓

鬼谷子的智慧变化无穷，高深莫测。本书以文传法、妙语载道，把纵横家高深的道法化为可以日用的方法，实为难能可贵，值得细细品读！

北京邮电大学经济管理学院教师、《百家讲坛》主讲人

赵玉平

语言凝炼，广征博引，纵横捭阖，趣说妙解，兰彦岭先生在本书中，深入浅出地解读了影响中国两千余年的旷世奇书《鬼谷子》，恰如其分地从当下视角切入日常应用，且收放自如。

——《鬼谷子的局》作者

寒川子

历代见证

一怒而诸侯惧，安居而天下熄。

——《孟子》

一人之辩，重于九鼎之宝，三寸之舌，强于百万雄师。

——刘勰《文心雕龙·论说》

其人通天彻地，有几家学问，人不能及。一曰数学，日星象纬，在其掌中，占往察来，言无不验；二曰兵学，六韬三略，变化无穷，布阵行兵，鬼神不测；三曰游学，广记多闻，明理审势，出词吐辩，万口莫当；四曰出世学，修真养性，服食导引，祛病延年，冲举可俟。

——冯梦龙

儒家不兼纵横，则不能取富贵。

——章太炎

鬼谷子在当今社会的现实意义

司马迁在《史记·苏秦列传》的开篇就讲："苏秦者，东周洛阳人也。东事师于齐,而习之于鬼谷先生。"司马迁在《史记·张仪列传》的开篇也写道："张仪者，魏人也。始尝与苏秦俱事鬼谷先生学术。"

苏秦、张仪两位战国风云人物，皆出鬼谷门下，可见这鬼谷先生非同常人。

《道藏》中的《鬼谷子》一书，依据传世文献记载，及近来出土文献的佐证，也当属先秦子书。

鬼谷子的学术思想与先秦诸子学说一起对中国古代文明产生了重要影响。

改革开放以来，随着先秦文献整理的进展，关于鬼谷子的学术思想与文化研究也受到了各界人士的关注。

企业界人士将鬼谷子学说引入企业经营管理。在企业培训活动中，培训师们将一些有关鬼谷子的传奇故事作为生动案例纳入培训内容，做了开创性探索。

但凡优秀的文化遗产，对于今人及今人的事业都有文化的、哲学的启发意义。

但是在今天，我们有必要指出，借鉴文化必须基于对现实的研究，鬼谷子学术对于今天的意义也在于与现实相结合。任何文化都不是现成的、包治百病的灵丹妙药。

兰彦岭先生在将鬼谷子学说引入实际应用方面做了积极的探索和尝试，得到了政商界朋友的认可。学术界的朋友们对兰彦岭先生的成绩也给了很好的评价。兰彦岭先生应邀参加了全国第三、第四届鬼谷子学术研讨会，当选为第四届中国鬼谷子研究学会副会长。

几十年来，研究鬼谷子学说、关注鬼谷子文化的人很多，大家各抒己见，共同探索，出现了十分活跃的局面。

在国学薪火延续的过程中，在鬼谷子文化传播的过程中，研究者、传播者，也在与他们的事业共同成长。学术研究和文化传播日趋理性、客观和成熟。

我们在成长，明天会更成熟，未来一定会更美好。

中国鬼谷子研究学会会长 房立中

推荐序二 Foreword

我眼里的鬼谷子

——为兰彦岭先生《鬼谷子纵横智慧》一书絮言

这个絮是絮絮叨叨的絮，不是序言的序——我对于鬼谷子素无研究，岂敢为序。

无研究，但有神往，一直想入鬼谷以探幽。诸子百家中，鬼谷子独树一帜。他不像老子通天彻地谈道悟道，也不像孔子周游列国教化世人，更不像孙子直面战争生死决胜……

鬼谷子在我的眼中，是一位战略心理学家。所谓战略心理学是一门现代广泛应用但却并无权威著述的学问。细究其原理，则无不暗合鬼谷子学说。

鬼谷子被称为纵横家。何谓纵横？其实就是战略，横向视野，纵向景深是已。战略思维，基本特点如此。战略学具有通用性，几乎横断于一切社会科学之间，且总是居于各门学科之上。战略规划也被称为顶层设计。这也是今天“战略”一词被各行各业漫灌式滥用的原因。另一视角观之，也说明战略和战略思维之重要。而所谓心理学是一门现代学科，其实心理即广义之思想。战略和心理组合在一起，似可以称之为大思想家。

春秋战国时代，战争是国家和人民生存常态，天下之苍生，无不浴战火，苦不堪言；人中之精英，无不思战争，一为个人求功名，也有天下情怀者。故，诸子百家及浩浩典籍，语文之不涉战者几稀。春秋笔法微言大义，立论终点，无不是强国救世。内政变法图强，外交远交近攻。正如雨雪风霜孕育滋养万物茁壮一样，东周天子地位徒有其表，各方诸侯军阀混战。天下纷争各方竞强，各国君主对人才求贤若渴，而有才者则择主而事自由流动，促成了思想百花齐放，学术百家争鸣，雄才大家灿若星辰，让中华民族的智慧水平大幅提升，为以后统一中国的出现，准备好了各种政治和文化条件。

但是，国家在地理上实现大一统之后，封建王朝立即在心理（思想）上也要求大一统，秦皇焚书坑儒严刑峻法，汉武罢黜百家独尊儒术。“大树之下无美草，高山之巅无美树”（汉刘向语），汉后之世，诸子百家差不多只剩了一子一家——主张忠君臣服的孔子及其学说（以后还允许基本于政治无害甚至有辅助作用的道家或佛家等并存）。黑格尔有论：“中华帝国是一个神权政治专制国家。家长制政体是其基础，为首的是父亲，他也控制着个人的思想。这个暴君通过许多等级领导着一个组织成系统的政府……个人在精神上没有个性”，“孔子的哲学就是国家哲学，构成中国人教育、文化和实际活动的基础。但中国人尚另有一特异的宗派，这派叫作道家。属于这一派的人大都不是官员，与国家宗教没有联系，也不属于佛教。”

数百年春秋战国时代结束，长时间思想繁荣时代也就此结束。农耕时代的秦始皇治理国家如同农民治理农田，只管口腹饥饱，不顾赏心悦目，所管之田园只能长庄稼，不许存杂草。世间之奇花异草，只能幸存于山野深谷。秦亡汉随，施政或有改进，而思想控制则如出一辙。以后中国也偶有思想家、战略家出现，但都是零星的、个别的，集体性大面积出现，特别是争奇斗艳式的场景再也没有过——因为春秋战国长时间思想解放的时代再也没有过。其间中国历史也多有战乱和分崩离析，但时间不久又重归统一。

历代王朝为维护统治鼓励子民做顺民，几乎无不尊孔，儒家于是世代昌盛，而除此之外的其他思想，则经擒杀性的“过度捕捞”，几无遗类。最多也不过是残存于市井坊间的零散碎片而已。鬼谷子大约可归于这残零之中。被后世私塾书院选为基本教材的“四书”“五经”，绝不会给鬼谷子一席之地。越往后，教育越呈现砖窑烧砖式的制式批量教育模式，个性的抹杀成为附带性机制，无论进来的是有何等天赋的学子，毕业如出炉之砖一样，一律是整齐的成绩单。

同时，有志于修行身心者，更少有古之先贤避深谷、研绝学、授高徒、传后世的素养，于是，思想家愈加罕见。至近代，有固定公式之自然科学大兴，而无固定范式之社会科学相对式微。

然而，思想如幽兰，虽处空谷犹有奇香。医人者采奇花异草以悬壶济世，医国者采思想之幽兰以经世济民。兰彦岭先生，就是这样一个战略思想领域的采花者。鬼谷子的学说和他的育人理念都有令人称奇之处，至近代尚有毛泽东的老师杨昌济“强避桃源称太古，欲栽大木柱长天”的教育理念。足见鬼谷子其人其说之价值，也由此可见兰彦岭先生研究鬼谷子之价值。

兰彦岭先生所著《鬼谷子纵横智慧》一书，不仅把鬼谷子的原文字斟句酌原意阐释，更将其原理活用于经济和处世。这既是一种思想继承也是一种学术创新。鬼谷子当时即有四位著名的学生，几乎主导了春秋战国的历史进程——如苏秦、张仪之合纵连横，他的另外两位学生孙膑、庞涓，则留下了战争史上围魏救赵的经典战例。是什么样的思想和理论，既可以用之于外交又可用之于军事；即可用之于舌战，又可用之于实战？仅此一点，就足以引起我们的探秘之心。世界上的学问汗牛充栋，但能安邦济世者凤毛麟角；世上好学习者多如牛毛，而善于学习又学到真谛者如九牛之一毛。

习近平总书记在哲学社会科学工作座谈会上的讲话中指出：“历史表明，社会大变革的时代，一定是哲学社会科学大发展的时代。当代中国正经历着我国历史上最为广泛而深刻的社会变革，也正在进行着人类历史上最为宏大而独特的实践创新。这种前无古人的伟大实践，必将给理论创造、学术繁荣提供强大动力和广阔空间。这是一个需要理论而且一定能够产生理论的时代，这是一个需要思想而且一定能够产生思想的时代。我们不能辜负了这个时代。”现代中国的伟大斗争实践，诞生了毛泽东思想；当代中国的发展实践，诞生了习近平新时代中国特色社会主义思想。习总书记对智库发展给予鼓励和希望，其实也是对中国民间思想家成长的希冀。

兰彦岭先生《鬼谷子纵横智慧》一书的出版，适逢中国新时代开启之大背景。在时代的感召之下，万千骄子思维踊跃，激情勃发投身于强国兴邦的伟大实践。我希望并且相信这些战略思想领域的有志者，能以古典智慧滋养才思，砥砺性情，树建新功！

空军大校、中国人民解放军国防大学教授 戴旭

自序 Foreword

在出这本书之前，海内外也有一些鬼谷子方面的书籍，但是大部分都处于最基本的翻译阶段或戏说阶段。在我看来，仅仅把古圣先贤的智慧翻译成白话文，是没有多大意义的。想要研究国学，可以在以下四个方面进行突破：

第一，提高境界；

第二，增益气度；

第三，提高才华；

第四，增益智慧。

相应的，研究国学，也需要具备四个条件：

第一，要有独立的思想，能理解先贤的思想，与他们对话；

第二，要有怀疑的勇气；

第三，要有发现的智慧，研究先贤的哪些思想能够在今天被应用；

第四，有灵活运用的能力。

《鬼谷子》和《论语》《道德经》的根本区别在于：儒家思想的“儒”是单人旁加需要的需，即根据人们的需要去处理人与人之间的关系，仁义当先，无人祸，如果用儒家思想来做的话，会众人来助；道家思想是解决人与自然、人与规律之间的关系，顺天应人，无天灾；而鬼谷子思想解决的是时势局的问题，是纵横捭阖的谋略。也可以说，成功业。

《鬼谷子》充满权谋策略的智慧，包含了很多言谈辩论的技巧，是中国古代思想的荟萃。我与大家进行分享的过程中，会通过研究《周易》，结合《阴符经》《道德经》《素书》，以及二十四史和古今中外的案例，来解读鬼谷子，讲述鬼谷子的思想如何在现代应用。

鬼谷子擅长四个方面的能力：数学预测、医药养生、领袖智慧、纵横捭阖。我结合这几个方面把本书分为以下几个部分：

第一部分，鬼谷子思想产生的背景。

第二部分，鬼谷子的领导智慧，将围绕《鬼谷子》开篇72字来完整论述现代领导者必备的技能和素养。

第三部分，鬼谷子的内炼智慧，是对领导者如何修炼内功之道的真诚解读。

第四部分，鬼谷子的纵横智慧，这是本书的重中之重。我相信“纵横智慧”这个声音会传遍神州大地。让纵横家驰骋在全世界，是我毕生的追求。

第五部分，鬼谷子的成事智慧，详细阐述了作为企业领导者如何谋事、作决策。

第六部分，鬼谷子的用人智慧，重点讲述了现代企业领导者对人才的驾驭能力。

这本书由我三天三夜的课程演讲稿集结而成，并由我亲自修订，再加上我们图书策划和编辑的智慧，因为鬼谷子思想的现实价值真的无法估量，应该说是“一本薄书在手，走遍天下无忧”。这是一本值得读者玩味的书；这是一本可以放在床头，每天晚上翻上一翻的书。我相信读者每一次看它，都会有新的体会；每一次读它，都会有新的收获。把这本书带回家就等于每天在与鬼谷子通话，就等于鬼谷先生每天帮助大家在做事情。

兰彦岭

目录 contents

‖ 第一章 ‖

《鬼谷子》诞生

言论自由：催生《鬼谷子》/003

通天彻地：一代名师鬼谷子 /012

‖ 第二章 ‖

鬼谷子绝学之领导智慧

为众生之先：领导者的职责 /019

圣贤之道：领导者的素养 /030

‖ 第三章 ‖

鬼谷子绝学之内炼智慧

盛神法五龙：领导者要神采飞扬 /039

养志法灵龟：领导者要意志坚定 /045
实意法螣蛇：领导者要思虑精纯 /049
分威法伏熊：领导者要深藏不露 /052
散势法鸷鸟：领导者要善用权威 /055
转圆法猛兽：领导者要善于谋略 /057
损兑法灵蓍：领导者要知机权变 /062

‖ 第四章 ‖
鬼谷子绝学之纵横智慧

量权：了解局势 /069
揣情：揣摩对方心理状态 /071
摩意：揣测他人意图 /075
言善以始其事：趋利避害 /076
鬼谷子的说服艺术 /078

‖ 第五章 ‖
鬼谷子绝学之成事智慧

凡谋有道：科学谋划 /093
事莫难于必成：科学决策 /106

‖ 第六章 ‖

鬼谷子绝学之用人智慧

见形为容，象体为貌：以貌取人 /123

闻声和音：彼此协调 /126

解仇斗隙：善于表扬 /127

缀去：合理留住人才 /128

却语：适当要挟 /130

摄心：收拢人心 /133

守义：统一价值观 /134

‖ 附　录 ‖ 《鬼谷子》原文及译文

上卷　内炼 /138

中卷　纵横 /211

下卷　成事 /280

主要参考文献 /338

第一章

《鬼谷子》诞生

春秋战国是整个中国文化历史中少有的百花齐放、百家争鸣的一个时期，各个学派都获得了空前的、自由的发展。鬼谷子的纵横术也获得了充分发展的土壤，他和他的弟子，是那个时代的风云人物。

言论自由：催生《鬼谷子》

纵横家是春秋战国时期，诸子百家中最为入世，也是对当时的国家政治生活影响最大的一家。他们既是卓越的说客和谋士，又是各个国家关系的润滑剂。“合众以攻一强，事一强以攻众弱”的纵横之术，使纵横家以平民寒士之身，跻身于庙堂之中，提出影响众多诸侯国的治国方略。他们懂大局、善揣摩、通机变、长谋略、勇决断，无所不出、无所不入，把各个诸侯国像棋子一样玩弄于股掌之中，翻手为云，覆手为雨，左右着国家之间是血战不休，还是握手言欢。他们一言可以平定战乱，数言可以安抚天下。所以史家评价他们“一人之辩，重于九鼎之宝；三寸之舌，强于百万雄师”，“一策而退敌兵，数语而安天下”，“一言可以兴邦，一言可以丧国”。

最典型的是鬼谷子的弟子苏秦帮燕王夺回十城的故事。

汉·司马迁《史记·平原君虞卿列传》:“毛先生一至楚而使赵重于九鼎大吕。毛先生以三寸之舌，强于百万之师。胜不敢复相士。”

景春有一次对孟子说:“公孙衍和张仪岂不为大丈夫乎,(他们)一怒而诸侯惧，安居而天下熄。”意思是说，他们两个一旦发怒的时候，天下诸侯都会害怕；他们两个如果安居在家了，就天下太平了。这就是“一言可以兴邦，一言可以丧国”。

公元前333年，齐国抢占了燕国十座城池。燕易王对苏秦说:“苏先生打造合纵联盟，你看齐国先是打赵国，现在又打我们燕国。合纵的意义何在？我们燕国因为先生而被欺负嘲笑，请问您有什么办法帮我们讨回城池吗？”苏秦听后万分羞愧，他想了一下，回答燕易王:“大王，我来帮您把丢掉的城池要回来吧！”

于是，苏秦就出使到了齐国。看到齐威王，苏秦表示热烈的祝贺。不过，随后苏秦又仰起头，深深地叹息，由此表示沉重的哀悼。齐威王纳闷了:“你这是什么意思？怎么祝贺和哀悼转变这么快呀！”苏秦说:“我听说人就算肚子再饿也不去吃乌头这样有毒的东西，因为越是吃得饱越是危害大。现在燕国表面看上去弱小，但是你知道燕易王是秦惠文王的女婿吗？你虽然侵占燕国十座城，看似占了便宜，但实际上你却和强大的秦国因此而结仇了。强大的秦国在燕国的邀请下，正好有理由攻击你。其他国家也可能纷纷派精兵强将攻打你！你的这种危害，犹如有毒的乌头一样啊！”

听到此番言论，齐威王的脸色立刻变得凄然和焦虑，拉着苏秦的手忙问：“这可如何是好？先生救我！”苏秦说：“我听说古圣贤者总能逢凶化吉、转败为胜。大王要想摆脱危境，请立刻归还占领燕国的十座城池。这样一来，燕国收回十座城池，肯定很感激。秦王听说你是看他的面子才归还城池，也就会开心万分。这种行为就是放下仇恨，拥抱友谊。如果燕国和秦国都称赞齐国，那么齐国即使号令天下，还有谁敢不听？霸业就是这样炼成的。”齐威王听后说：“好！”后来果真说到做到，很快把占领的十座城池归还了燕国。

在上述案例中，苏秦先庆贺后哀悼，充分引起齐威王的注意力，接下来利用鬼谷子“言恶以终其谋”策略，分析得到十座城池之后的恶果——侵占燕国十座城必然得罪燕易王，而燕易王是秦惠文王的小女婿，秦惠文王一定会攻击你。这事严重了，一不小心跟虎狼之国秦国结仇了，秦国正好有借口进攻了！这就吓住了齐威王，从而终止了其侵占十座城池的想法。但是如何让齐威王快速执行归还城池的行动呢？苏秦又下了一剂猛药，利用“言善以始其事”大谈归还十座城的好处，比如可以让燕国成为齐国朋友了，比如可让秦国因齐国归城而倍有面子，于是齐国就能因放弃十座城而称霸天下，这笔交易真是做得太划算了。齐威王立即开始行动。这就是苏秦对鬼谷子说服策略的妙用，真不愧是名师出高徒啊。

汉·司马迁《史记·平原君虞卿列传》：“毛先生一至楚而使赵重于九鼎大吕。毛先生以三寸之舌，强于百万之师。胜不敢复相士。”

景春有一次对孟子说：“公孙衍和张仪岂不诚为大丈夫哉，（他们）一怒而诸侯惧，安居而天下熄。”意思是说，他们两个一旦发怒的时候，天下诸侯的小腿肚都会打哆嗦；他们两个如果安居在家了，就天下太平了。这就是“一言可以兴邦，一言可以丧国”。

近代有个大学问家叫章太炎，他说过这样一句话：“儒家如不兼纵横，无以取富贵。”也就是说，不管个人的能力、学问多么大，如果不懂得纵横智慧，就没有办法给自己赢得富贵。

那么这些人的雄才大略、奇计异谋、铁齿铜牙是怎么得来的？是谁教会了他们？这个“幕后推手”是谁？这个人和他的弟子们在春秋战国时期左右着各个国家间的局势，左右着历史的进程，对中华的统一起到了非常重要的作用。这个人就是世外高人——鬼谷子！

云梦山鬼谷子像

纵横，是那个时代不同国家处理国与国之间关系的一种策略。比如苏秦提倡合纵，合纵就是联合众小攻一大，联合众弱攻一强。当时苏秦挂齐、楚、燕、韩、赵、魏六个国家相印，于是就联合这六个国家攻打当时最强大的秦国。而张仪是秦国的相国，就为秦王出谋划策，他建议秦王和当时其他六国中实力较强的齐国连横，对付其他弱小的国家。

那么我们要想了解鬼谷子及他的弟子合纵连横的智慧，首先就要了解一下当时的社会背景。

春秋战国时期，百家争鸣，言论自由，个人可以任意地评议朝政，自由地发表见解，从而激活派生了很多思想。

“申不害论魏”就是当时比较有名的一场论战。

申不害：“诸位，我有话说，在下法家申不害，我以为魏国相国公叔痤谢世，公孙卬继任相国，魏国将有一变，天下也将有一变。可能引起列国的第二轮变法。”

听众甲：“你先说说，魏国是怎么变啊？”

申不害：“诸位，魏国之变，在于霸权衰落，公叔痤领政，魏国防范严密，既不许弱国挑战霸权，也不贸然吞并他国。其政策乃是对秦方略，既反击秦国复仇之战，又不主张强兵灭秦，有此分寸才使魏国保持了长期霸权。公孙卬好大喜功，没有稳定的国策谋划，其人领国，庞涓的强兵方略就失去了制衡，魏国必然多面出击，与列国间的冲突越来越多，其战车必然打滑，例证便是六国分秦的思想迅速夭折。”

听众乙：“敢问这位兄台，魏国有变，天下何变啊？”

申不害：“魏国霸权施压，列国松动，天下安得不变？”

——电视剧《大秦帝国》

当时最有名的论坛在齐国都城临淄的稷下学宫。齐威王把天下三千多个学子都集合在稷下学宫，每天讨论各个国家的局势，互相碰撞思想。下面就是稷下学宫的一场论战。

稷下学宫遗址

孟子："诸位，儒家创立百余年，大致主张尽为天下所知，一一重申，似不必要，就请列位就相异之处辩驳发问，老夫作答，方能切中要害。"

……

申不害："在下申不害，敢问夫子，天下动荡，根本要害何在？"

孟子："不施周礼，不行仁政，以杀戮征战为快事，是为要害。"

申不害："仁政、周礼、井田制，夫子果真以为可行？"

孟子："国有圣君良相，仁政可行，周礼可行，井田制更可行。"

申不害："邦国兴亡，夫子期望于圣王复古，实则人治啊！”

孟子：“仁政是德，至少强过先生权术治国。”

申不害：“在下诤告夫子，术治乃法家之学，不是权术之学。”

孟子：“如此法家，乱世之学也！”

此时有人大喝：“孟夫子如此断言大谬！”

“立论当有理有据，足下无端指责，何其浅薄哉？”

“夫子大谬，凭据有三。天下学派皆有分支，夫子断章取义，以术之派为法家全貌，此其一。法家三派，其根从一，皆以认同法治为根本，而在推行中各有侧重，夫子无视法家根本，攻击一点不及其余，此其二。法家术治派，在刑法根基之上，着重整肃吏治，强化勘查官吏，与搬弄权谋有天壤之别。夫子有意抹杀根本，其论断之轻率，无以复加，此其三。”

“你是何人？法家何派？”

有人回答：“天下士子听了，此人卫鞅，我法家法治派名士。”

“法治成家成派，老夫未尝闻也！苛政猛于虎而已，何足论之？”

“夫子论学先定罪，不妥当！卫鞅惟告夫子，天下治道不在空谈，而在力行。法治也好，人治也好，谁能融入大争潮流而强国富

申不害

民，谁便是正道，否则便是空谈大道理，贻误天下，必将为大争之势所遗弃。”

众人皆喊：“卫鞅，彩！”

——电视剧《大秦帝国》

“彩”就是今天我们说的“喝彩”的意思。战国时代的大争鸣，是中华文明史上的伟大奇观，也是那个伟大时代的生存竞争方式，培育出了中华文化最茁壮的文明根基，使那个时代成为人类文明史的不朽高峰。如果没有当时的开化之风，如果大家不能够自由言论，如果大家不能够把自己的学问拿去和人分享，就不可能有当时的百花齐放、百家争鸣。

通天彻地：一代名师鬼谷子

鬼谷子是春秋战国时期著名的思想家、谋略家、兵家、教育家，是纵横家的鼻祖，是中国历史上一位极具神秘色彩的人物，被誉为千古奇人，长于持身养性，精于心理揣摩，深明刚柔之势，通晓纵横捭阖之术，独具通天之智！创作了《鬼谷子》一书，对心理学、说服谈判学、领导统驭、决策学和预测学等方面进行论述，成为纵横家们的“制胜宝典”。

最早提到鬼谷先生的文献是汉代司马迁（约公元前 145 或公元前 135 年生）的《史记·苏秦列传》说，苏秦“东师事于齐，而习之于鬼谷先生”。《史记·张仪列传》又说，张仪“尝与苏秦俱事鬼谷先生学术，苏秦自以不及张仪”。

通过推理求证，鬼谷子也是孙膑、庞涓的老师。《史记·孙子吴起列传》：“孙膑与庞涓俱学兵法”。南宋金石学家、枢密使洪适，平生好收藏金石拓本，并据以证史传讹误，考证颇精。他在《盘洲文集》的《汉四种兵书序》中说："赵括之徒读兵书，卒招长平之败。庞涓之浅尝鬼谷，遂致马陵之祸。"可见，庞涓确实曾向鬼谷先生学习兵法。《史记》说孙膑和庞涓是同学，一起学的兵法。可见，鬼谷子是二人共同的老师。

在先秦时期的诸子百家中，鬼谷子与老子、孙子、孔子、孟子等诸子齐名。先秦时代是我国历史上一个少有的百花齐放、百家争鸣的时代，各种学派、学术都获得了自由的发展空间。作为其中的一部分，鬼谷子的纵横学不但获得了充分发展，更是得到了极大的运用，其适用性经受了当时复杂政治环境的考验，这主要体现在他的入世弟子的事迹上。在诸侯并起、战乱连年、动荡不安的春秋战国时期，鬼谷子的四大弟子扮演着极为重要的角色，甚至可以说，他们左右着这个动荡的局势。

孙膑是齐国军事家，军事才能卓越，所著《孙膑兵法》与孙子的《孙武兵法》统称为《孙子兵法》；庞涓为魏国大将军，精于实战，多次发兵征讨，战无不胜，使魏国成为战国七雄之一；苏秦利用合纵术，身佩六国相印，合纵六国，共抗强秦，使秦国不敢出兵达十年之久；张仪为秦国相国，在师兄苏秦死后，他采用连横术瓦解了六国合纵，使秦国逐步消灭六国，最终统一全国。

魏晋时代，道教把鬼谷子的著作《鬼谷子》列为经典。东晋初年葛洪《抱朴子·遐览》列道教经典一百三十七种，其中就有《鬼谷经》。后来，道教进一步把鬼谷子列为道教的洞府真仙，号称"玄微真人"；甚至说他出生于黄帝轩辕氏时代，历夏朝、商朝、周朝三代，随老子西出函谷关；东周时期，重返中国，隐居鬼谷，培养弟子数百人，在人间数百岁，后来不知所终。后代关于鬼谷子的传说越来越多。《隋书·经籍志》在“纵横家”类著录了《鬼谷子》三卷，注解说：“鬼谷子，楚人也，周世隐于鬼谷。”《史记》和《隋书》都认为鬼谷子是隐居在鬼谷的一位研究游说之术的隐士。生活在战国时代，没有留下真实的姓名。这说明鬼谷子是一位真实的历史人物。

明朝冯梦龙所编著的历史小说《东周列国志》第八十七回至九十回，就讲了他收苏秦、张仪、孙膑、庞涓为徒弟的故事。冯梦龙在《东周列国志》中评价鬼谷子：其人通天彻地，有几家学问，人不能及。一曰数学，日星象纬，在其掌中，占往察来，言无不验；二曰兵学，六韬三略，变化无穷，布阵行兵，鬼神不测；三曰游学，广记多闻，明理审势，出词吐辩，万口莫当；四曰出世学，修真养性，服食导引，却病延年，冲举可俟。

还有的书说他带领徒弟范蠡帮助越王勾践复国。又说九天玄女是他的师妹，如此等等。这就给鬼谷子笼罩上了神秘的光环。

基辛格的老师、德国著名历史哲学家斯宾格勒这样评价鬼谷子：“鬼谷子的察人之明，对历史可能性的洞察以及对当时外交技巧的掌握，必然使他成为当时最有影响力的人物之一。”

《鬼谷子》博大精深，充满着权谋策略的智慧，包含着言谈辩论的技巧，是中国古代划时代思想的荟萃。从古至今，《鬼谷子》一直是中国军事家、政治家、外交家的必读之书，更是当代众多商家的必备书。在欧洲、东南亚、北美洲，《鬼谷子》被广泛学习和应用，受《鬼谷子》影响最大的日本，还特别设立了“鬼谷子纵横研究院”，深入研究鬼谷子统治之道。《鬼谷子》被誉为从政经商、为人处世的处事宝典，谋略权术、神机妙算的百变圣经。在今天这个风云变幻、商战频仍的时代，它依然具有非常现实的意义，对从政、经商、外交、处理人与人之间的关系依然具有广泛的指导作用。

正是因为鬼谷子的纵横学等思想有如此现实的操作意义，历代诸多有志之士才不断悉心研读鬼谷子的智慧。如后世的李斯、甘茂、司马错、乐毅、范雎、蔡泽、邹忌、黄石，汉代的郦食其、蒯通、张良、韩信、司马懿、诸葛亮，唐代的魏徵、李靖、李勣、陈子昂、李白，明代的刘基，清朝的曾国藩，美国的基辛格，德国的斯宾格勒，日本的大桥武夫等，都是精通鬼谷子文化的学者辩士、政治达人，他们利用纵横学的理论方法，最终都获得了极大的成功。

《鬼谷子》分上、中、下三卷，既论修真明道，也论入世成事，还论趋吉保身，乃成就大事、谋取富贵的不传秘诀。

《鬼谷子》被誉为“智慧禁果，旷世奇书”，着重于辩证的实践方法。《鬼谷子》具有一个极完整的智谋策略学体系，可称为智谋策略学的奠基之作。作为一个现代的中国人，特别是优秀的管理者，不可不知！

第二章

鬼谷子绝学之领导智慧

《鬼谷子》开篇即完整地论述了领导者必须具备的职能和素养。指出领导者要能够通晓全局，了解未来发展，把握生存的门户；要能亲临现场，亲自上阵监督；要能全面详细了解即将发生的事情；要为员工树立榜样；要具备沟通、命令的能力；要能把追随者培养成领导者。

为众生之先：领导者的职责

诸子百家中仅有两人提到过领导者的职责。

一为老子。老子曰："是以圣人处上而民不重，处前而民不害。是以天下乐推而不厌。"即一个人要做到地位在他人之上，大家感觉不到有压力；做事在别人之前，但不损害他人的利益，大家才愿意推他当领导。

二为鬼谷子。《鬼谷子》第一篇《捭阖第一》，论及鬼谷子整体思想的总则和纲领。其开篇 72 个字完整地论述了领导者必须具备的职能和素养："粤若稽古，圣人之在天地间也，为众生之先。观阴阳之开阖以名命物，知存亡之门户。筹策万类之终始，达人心之理，见变化之朕焉，而守司其门户。故圣人之在天下也，自古及今，其道一也。"

"粤若"为发语词，无实际意义，"稽"是考察，"粤若稽古"

的意思是，让我们来考察一下上古以来的历史。鬼谷子考察的是天地间的圣人，不是指神明，而是指凡人。

“观阴阳之开阖以名命物”，“阴”指隐藏的、反向的或不利的一面，“阳”指光明的、正向的或有利的一面，“开”是开放生发，“阖”是闭藏消亡。此句是指通过了解万事万物的阴阳开阖四种状态来判断道理。

“知存亡之门户”，就是说知道一件事情兴旺发达及结束死亡的关键是什么。

“筹策万类之终始”，这是指计算、策划推动万事万物发展如何开始，如何结束。

“达人心之理”，即了解人心的变化。“见变化之朕焉”，即了解到事情变化的征兆。

一阴一阳之谓道，一捭一阖之谓变。掌握规律，顺天应人，才能成就功业。顺天在于了解规律，把握趋势，应人在于了解人们的需要应和人心。不可干而逆之，否则虽盛必衰。合情合德无事不为。

这 72 个字告诉我们，领导者需要做到以下几点：

第一，要通晓全局，了解未来的发展，把握生存的门户。

第二，强有力地亲临现场，亲自上阵监督。一个领导者首先是战士，战斗在一线才知道一线需要什么。其次是辅导员，辅导员工具备相对应的能力。再次是教练员，我讲你听，我做你看。最后才是做指挥员，领兵打仗。

第三，全面详细了解即将发生的事情。

第四，为员工树立榜样。

第五，具备沟通——解释——命令的能力。

第六，把追随者培养成领导者。

走在众人之前

圣人之所以能成为圣人，答案就在“为众生之先”。

领导的职位往往不是自封的，除了封建社会中的皇帝是世袭之外，组织及团队当中的领导者往往是自然而然产生的。如抗战时期，毛主席的领导地位就是自然而然产生的。为什么他能变成领导？是因为他先知先觉并且有威信。

“威”即要求别人做到的事情，自己要先做到，不怒而威；“信”即要求领导者比别人高明，这样，他说的话、提的建议大家才会相信。领导者领导前进的方向，领导者领导发展的趋势。一个人要能够知道未来社会向什么方向发展，要走在别人的前面，这样才能变成领导者。

领导者要找到事理从而了解事情发展的关键，再计算、策划与推动万事万物的发展，最后要了解人心的变化，了解事情变化的征兆，即可以通过细枝末节，就知道一件事情未来发展的关键。

我曾经为餐饮业进行过一次培训。当时，我提醒餐饮业的老板必须弄明白餐饮业发展的轨迹和流程。

比如，20 世纪 80 年代之前，人们吃饭是为了吃饱：仅仅是为了充饥，吃饭就为了填饱肚子。填饱了肚子之后，当人们解决了温饱问题后，进入第二个阶段：吃好。才开始辨别味道，了解好吃与否。再慢慢发展，就开始讲究“色、香、味”。第三个阶段吃情调、吃氛围。比如，在家自己煮咖啡一杯只要两元，到咖啡店要

30 元、50 元一杯，很多人为了环境依然会选择去咖啡店喝咖啡。

从充饥到辨味，吃文化、吃情调，到现在吃健康、养生。这就是趋势。谁能先预测出市场的发展趋势并顺势而为，谁就会成为赢家！

救亡图存

管理者的使命是什么？“知存亡之门户”。存指生存发展，亡指终结死亡，门户就是关键，即知道生存发展的关键，知道这件事情为什么发生，为什么发展，为什么结束。

“守司其门户”，守司，把握，即还要把握着这个关键。所以“圣人之在天下也，自古之今，其道一也。”自古至今，那些卓有成就的领导者，就是把握了规律，顺应规律而已。

一般的人只有一个命，叫生命。卓越的人有两个命，一个是生命，一个是使命。生命的终极意义，是为什么活着，活着又为了什么。在一家企业里，卓越的领导者会让企业不断发展壮大，有美好的未来，让员工有稳定的、施展才华并不断进步的平台。

西方把成功定义为达成目标，为了达成这个目标去找尽一切手段方法。中国的成功定义更广，是建立在群体基础之上，叫立德、立功和立言。

立德就是树立美好的品德，树立道德的典范。言为师，行为表。学高为师，德高为范。

立功是做于国家、社会、组织有用、有价值的事情，并创造价值。

立言是不仅我自己达到了，不仅我自己成功了，不仅我自己取得了我想要的结果，还要把我的思想，把我的观念，把我的智慧传给后人。

立德、立功、立言是古代很多圣贤的一种使命。“为天地立心，为生民立命，为往圣继绝学，为万世开太平”。为了领导众人完成使命，要出生入死历尽千辛万苦。如果没有吃苦的精神，谈不上做领导，没有呕心沥血，谈不上是经营。在享受到某一种地位、某一个职位带来的荣耀的同时，必须要能够忍得了相应的艰辛和委屈。受到磨炼，人才能够更快速地成长，这就是领导者和别人不一样的地方。“宝剑锋从磨砺出，梅花香自苦寒来。”多一份苦难就多一份历练，多一份阻碍就多一份成长。只有饱受煎熬才能够百炼成钢。我借用一首诗送给大家：

未曾清贫难成人，
不经打击老天真。
自古英雄出炼狱，
从来富贵入凡尘。
醉生梦死难成器，
拓马长枪定乾坤。
挥军千里山河在，
立名扬威传后人。

为什么有些人遇到挫折、困难能坚持下来？是因为再大的困难、再大的挫折、再大的磨难，与他的抱负和使命相比，都是微不足道的。所以说有多大的梦想，有多大的志向，就有相应的人生态度。人生态度决定着我们生命的品质。

能推测事情发展趋势

“筹策万类之终始，达人心之理，见变化之朕焉。”算盘叫筹，筹策是计算、谋划、规划。“万类之终始”，就是指万事万物的开始、发展和终结。“达人心之理”，即了解人心，顺应民心，赢得民心。“见变化之朕焉”，即了解万事万物发生的征兆。见微知著，风起于青萍之末。在一件事刚有个苗头、刚有个征兆的时候就能发现它，推测它未来的发展趋势，并了解它、把握它、顺应它，这是领导者需要做的。

这段话告诉我们，领导者必须有高明的谋划、策略、方法和技巧，才能够领着团队守好门户，达成救亡图存的使命。事情的发展与人的心理是息息相关的。“蜎飞蠕动，无不有利害。”一只小虫飞过来，一只小虫爬过去，背后都有利害在牵引，它为什么要飞来呢？它为什么要爬过去呢？原因是什么？找到这些原因，才能找到万事万物发展的根源。

具备英才和雄才

三国时的文学家刘劭说过，英雄是由英才和雄才组成的，具备聪、明、智的人是英才，具备力、勇、胆的人是雄才。英才主要表现在“聪能谋始，明能见机”。知道事情什么时候开展，什么时候结束，能够预见未来哪些方面会获得发展，找到机会，而且有一定的胆量作决断。雄才主要表现在气力过人，敢于做事，勇能行之，又具备一定的智能，可以作决断等。

张良可以称之为英，运筹于帷幄之中，决胜于千里之外。韩信可以说是雄，连百万之众，攻必克，战必胜。英才必须有胆量作决断，如果一个人谋略很多但是不能拍板，称不上英，还须用胆来做辅助。一个人即使勇力可举鼎，勇猛无比，也必须有一定的智慧为其断事才能成为雄。

另外，英只能得英，雄只能得雄。这其实也很好理解，一个人非常聪明，但是谋略虽多，口才虽好，做不出来成绩，“雄不归之”。如果一个人领兵打仗很厉害，但他没有一定的谋略和智慧，则“智者不归矣”，真正有智慧的人不会归服于他。英可以为相，雄可以为将，二者兼备，可以为王。如果一个人身兼英与雄，就能够使英役雄，成就大业。

比如，一个人脑子很好用，既可以做谋划又可以做行销，很会开疆辟土、领兵打仗，那他可以做营销部的经理。一个人既有谋略，又有实际的运作能力，才能做总经理。《三国演义》中，我们经常可以看到有人说曹操，“丞相天机，我等皆服”，大家服气才愿意听他的话。所以，一个企业的领导者，必须要英才、雄才兼备才行。

识人用人

天是什么？天就是规律。规律就是事物之间内在的必然联系，决定着事物发展的必然趋势。

鬼谷子论天道，其文中“天道”为“持枢”。“持枢，谓春生、夏长、秋收、冬藏，天之正也。不可干而逆之；逆之者，虽成必败。”

古人云：欲纵横天下须依天行道，做可为之事。天道是关键，世人做事就要把握关键。鬼谷子的持枢智慧中论及春生、夏长、秋收、冬藏，就是说不可违反四时行事，否则虽盛必衰。而公司领导者识人用人也与“持枢”一样，春生、夏长、秋收、冬藏，相对应的分别为生聚、培育、逞才、储备。

生聚，把那些有共同志向、共同目标的人凝聚在一起。

培育，把人召集过来，培养他胜任岗位的能力。领导者就是最大的教育者，教育在职员工该怎么胜任本职工作。阿里巴巴的马云曾说过，一个不会教育培训员工的领导者充其量只能做一个监工。

逞才，人尽其才，把员工放在合适的岗位，使他发挥自己的能力。员工是公司最大的资产，领导者有义务去维护、投资、培育员工，让员工增值并创造红利。如果一个员工到公司来之后没有创造业绩，谁之过？员工自己当然是有责任的，但最重要的是公司为他安排的岗位对吗？员工知道做这件事情的意义吗？员工具备做这件事的能力吗？

储备，就是为公司的未来发展储备力量。

领导力是获得追随者的能力，也是把追随者培养成领导者的一种能力。现在我们分享一下《三国演义》中领导和用人的智慧。《三国演义》当中有三个集团，一个是孙权，一个是曹魏集团，一个是刘备。孙权算是富二代，是继承下来的企业，孙权能力也很强。曹操曾说：生子当如孙仲谋。因为他是好的继承者。孙权“内事不决问张昭，外事不决问周瑜”，文治武功颇为自如。开始有周瑜统兵，周瑜之后有鲁肃，鲁肃之后有吕蒙，吕蒙之后有陆逊，人才层出不穷。

曹操是带着家兵家将起家的。但是最后战将千人，谋士如云。需要孙权和刘备两家联合才能抵挡他。看一个人对历史的贡献，要有正确的唯物历史观。第一，看他的所作所为是否有利于民族大融合；第二，看他的执政方针是否有利于生产力的发展；第三，看他制定的政策是否有利于改善人们的生活水准。曹操统一了黄河流域，促进了民族大融合，兴修水利，改善农具，解放了生产力，实行屯田制，减轻了老百姓的生活负担。所以曹操是一个值得肯定的人物。曹操把中原英杰几乎尽揽门下，唯才是举是他成就伟业的根本原因。在他的《短歌行》中这样吟诵：青青子衿，悠悠我心。但为君故，沉吟至今……周公吐哺，天下归心。可以看出曹操对人才的渴求。

刘备被汉献帝称呼为“刘皇叔”，其政治优势是别人比不了的。刘备的最大能力在于收买人心，比如诸葛亮、五虎上将等。刘备的成功是因为重用了诸葛亮。诸葛亮辅佐之前，他颠沛流离居无定所。直到把诸葛亮请出之后火烧新野，火烧博望坡，火烧赤壁，借荆州，入西川，北收马超，南服孟获，三分天下而得其一。

诸葛亮打天下靠的是五虎上将，但这五个人都是刘备招揽来的，诸葛亮只培养出了姜维。为什么诸葛亮把刘备的大将拼完了以后，蜀国基本就完了？因为诸葛亮只是一个谋略家，他领导力不够。作为团队领导人，他要做两件事情，第一是做业务，第二是带团队。诸葛亮打仗的谋略很厉害，企划能力很强，但是不会培养人，这就造成了人才断层。

诸葛亮是如何用人的？大树下面不长草，诸葛亮自己太厉害了，打心底看不上他的属员，对他们总是不放心。所以遇到战事，诸葛亮经常给大家“三个锦囊”，让他们按计行事。这就培养出了一堆有超级执行力的人，但他们缺少创新与灵活。“火车跑得快，全靠车头带”，这句话几年前可能还正确，但是动车和高铁的出现告诉我们：只靠车头带，肯定跑不快，要想跑得快，节节都要快。所以领导和属员要一起成长，一起前行，才能应付困难。

赵云是《三国演义》中唯一一个让人找不出毛病的人，武功高强。连赵云、关羽这么大的将才都不让他们发挥智慧，遇到什么事只让他按计行事，怎么能培养将才？所以五虎上将死了之后刘备集团很快覆亡了。

蜀汉的覆亡起因于一个事件：失街亭。生死攸关的战略要地居然交给只会纸上谈兵而没有实战经验的马谡，兵败，大厦瞬间轰然倒塌。蜀汉集团元气大伤，从此走上没落。其实诸葛亮应该担负起首要的责任——用人之责。从这个地方就可以看到诸葛亮培养人，用人当中存在问题。

诸葛亮最大的失误是对魏延的使用。魏延很会带兵，有勇有谋，是个将才，但是他一直被限制使用，因为诸葛亮说他脑后有反骨。这就必然会造成魏延心中的不平，时间一长忠心也会变成二心，由此可见魏延的反叛有诸葛亮的责任。刘备死了以后刘备集团马上就亡了，也说明诸葛亮用人不当。“出师未捷身先死，长使英雄泪满襟”，诸葛亮50多岁就死掉了，为什么？事必躬亲。为什么事必躬亲，第一，不相信别人。第二，手下无人。所以他

“鞠躬尽瘁，死而后已”的精神值得大家赞扬，但是不会培养人，把自己活活累死也是一大悲哀，也是他作为一个领导最大的致命弱点。

桌子为什么稳固？是因为下面有桌腿。如果一个老板要想轻松赚大钱，要看他能不能离场。他不在单位，单位能不能正常运转？二级主管能不能独当一面？如果他不在公司里面，公司依然能够正常运转，证明他可以离场了，说明他具备领导力了。

领导者要把所有的追随者培养成领导者，这就是鬼谷子的一个基本的领导思想。

企业与企业之间的竞争实际上是人才的竞争，人才的竞争归根结底是企业教育培训人才的竞争。这就是领导者的行事的纲要，这也是原则中的原则，纲领中的纲领。

圣贤之道：领导者的素养

拥有极高深智慧的人叫圣人，拥有极高尚道德的人叫贤人。圣贤是既智慧高深，又道德高尚的人。领导者不一定是圣贤，但却要学习圣贤的人生智慧，跟随圣贤的道德脚步。

所以领导者必须具有良好的素质，包括良好的品格、健康的身体、超人的智慧和领袖的精神。

良好的品格

什么叫品格？品是指一个人的人品。人品决定个人的品行，而个人的品行决定做事的品质，做事的品质反映一个人的品位。人品、品行、品质、品位，就构成了一个人的品牌。例如“李白”“奥巴马”“李嘉诚”“洛克菲勒”，这些名字都是一个个独立的品牌。

格是指一个人的格调。一个人可能没有太多的钱，没有太高的地位，但是不能没有格调。格调决定格局，格局决定布局，布局决定结局。

那么作为一个领导者，需要具备的品格是什么？

鬼谷子的弟子尉缭在《尉缭子》中作了注解，他认为领导者要“爱在下顺，威在上立，爱故不二，威故不犯。故善将者，爱与威而已”。

意思是，因为领导者爱护你的员工，爱护你的同事，员工对你才没有二心；因为你很威严，所以员工不敢冒犯你，同事不敢冒犯你。管理做得好的人，不过是爱与威并用罢了。

领导者的决策和用人又决定于其格局和境界。所以领导者若不能不断地学习和突破，其本身就会成为组织发展的最大障碍！

晚清名臣曾国藩非常喜欢鬼谷子的理论，有一天他问自己的属下，“你怎么评价我与左宗棠？”他手下说了这样一句话：“左帅（左宗棠大帅）威猛，人不敢欺。”左宗棠很威严，大家不敢得罪他。曾国藩又问他：“那你怎么评价我呢？”这个手下很会说话，说：“曾帅仁德，人不忍欺。”

人不敢欺和人不忍欺，哪个更高明？领导者让员工害怕，远没有让员工爱戴重要。尉缭谈到的“爱故不二，威故不犯”境界更高。

爱与威，恩威并施，这是领导者的品格。

健康的身体

作为一个领导者，必须要有健康的身体。

健康与很多领导特质有关系。比如魄力、意志力、胆识、聪明等。

什么叫魄力？正所谓“肺藏魄”，因为肺主气以养魄，所以魄藏于肺。当一个人的肺很健康，他会感到浑身充满了力量。一个人的魄力可以经过后天的修炼去获得，而通过修炼获得魄力，则证明一个人有意志力。

什么叫意志力？脾藏意，肾藏志。脾主运化，若一个人的脾很健康，那么其合作能力、资源整合能力、谈判能力就会很强。而肾藏志，若肾很健康，可以让一个人安定，有定力。所以意志力是脾和肾交融的结果。

世人常说：善于作决断，有胆有识。那么什么叫胆识？胆主决断，若一个人胆很健康，胆精很足，做事会很果断，并且善于拍板。

什么叫聪明？耳朵听得清叫聪，眼睛看得清叫明，一个人耳聪目明、反应很快则叫聪明。人如何做到耳聪目明？关键在于肝和肾：肝开窍于目，肾开窍于耳。若是一个人肝很健康，可以眼明；肾很好，可以耳聪。

一个人身体的健康对各方面能力的发展是极其重要的。

为什么西方国家的领导者及企业的高管每个季度都要向市民公布他们的身体状况？因为他们若是身体不好，就不能做出英明决断。没有一个健康的身体，即便有冲天的壮志也无法成就事业，最后只能“出师未捷身先死，长使英雄泪满襟”了。

蜀汉诸葛亮，有雄才大略，更可以“观天象，知天下大事”，但却六出祁山，未能统一中原，因为他身体不好，50 多岁就去世了。为此，杜甫哀叹不已，留下了非常有名的诗句——出师未捷身先死，长使英雄泪满襟。

所以说，如果没有一个好的身体，一个人有再大的本事，也很难实现自己的抱负。

超人的智慧

如果企业领导者没有超人的智慧，就无法获得员工的追随。

“观阴阳之开阖以命物”，说明领导者要依据阴阳的辩证法则及理论，利用开阖的技巧去管理、处置、整顿、统驭企业及员工。

何为“阴阳”？阴者，是侧面的、负面的；而阳者，是积极的、阳光的、正面的。《周易》上说，“一阴一阳之谓道”，阴阳相合，万物都在“道”的控制之中。

河南宛丘（今河南周口淮阳区）有一个龙湖。据说伏羲氏在龙湖中发现了一只稀世白龟，白龟的龟壳上有天然的花纹。伏羲氏当时根据龟壳当中的花纹，推演出了先天八卦。这当然有神话的成分，但是《周易》上确实记载，伏羲氏观察自然界各种事物的运动变化，总结其规律，创造了先天八卦。

龙湖白龟

但确实神奇的是，20 世纪 80 年代末，周口一个叫王德成（又称王大娃）的 12 岁男孩，在龙湖旁边又发现了一只特殊的白龟，背上的花纹就如同一个天然的八卦一般。他把那个白龟捞出来以后，将它放在周口的文物保管局里保管。1997 年，王德成为了庆祝香港回归，把白龟又重新放回龙湖。这也算是近些年来关于白龟的趣闻逸事了。

上古时期伏羲氏创造了先天八卦，而《史记》上记载，“文王拘而演《周易》”，周文王推演出六十四卦，写成《周易》一书。

后有孔子解《周易》，孔子和他的弟子给六十四卦作了注释形成了今日我们所见的《周易》。

《周易》认为：阴阳相长、相互矛盾、对立统一。这说明万事万物都是阴阳开阖的，领导者绝不能没有辩证法思想。

俗话说“花无百日红”。当花开得很盛的时候，就意味着它离凋谢不远了。“月盈则亏，水满则溢。”用在企业上，即意味着当一家企业发展很顺利的时候，也伴随着危机；当一家企业处在低谷的时候，也不要气馁，也许成功就在不远处。所以一个领导者，在盛世之中必须要具有忧患意识。

领导者要清楚认识生存发展及死亡的关键，要具有辩证法的修养，要有扎实的理论基础，能够见微知著，必须盛时有忧患意识，衰时有乐观精神。只有如此，企业才能在领导者的带领下发展、壮大。

一个领导者，必须要有辩证法思想，要学会防患于未然，正所谓“生于忧患，死于安乐”，当企业发展情况良好之时，要找到隐藏在背后、可能会引发事故的祸害根源。所谓“墙崩于隙，木毁于节”，小事不处理就会转变为大事。

领导者要有辩证的智慧，在企业弱小时，要能看到未来的发展前景，用宏大的格局、远大的抱负带领团队，用坚定的理想信念、美好的未来鼓舞员工，将小团队当成大企业；当企业壮大时，要抓细节、找问题，不放过一丁点错误，将大企业当成小团队。这也是辩证的思想，领导者在不同的时期要有不同的智慧，懂得应变，懂得观察时事，懂得调整自己。

领袖的精神

最高明的领袖人物都是精神的领导。

一家成功的企业必然有一位优秀的领导者，领导者在企业中的作用不仅仅体现在管理方面，更重要的是成为员工精神上的领袖。所以说，能够建立卓越功勋的领导者，必然是精神的引领者，必然是成功的思想家。

成为一位思想家，才能统一大家的思想，获得员工精神上的认同，统一大家的行为。什么是团队，仅仅是“人”的拼凑不叫团队，只有心在一起才是真正的团队。

杰克·韦尔奇、柳传志、张瑞敏、马化腾……这些名字代表的都不只是他们个人，还有他们背后的企业。他们已经成为企业的精神领袖，他们是高明的，自然也是成功的。

毛泽东主席的两篇文章——《实践论》和《矛盾论》，就是在告诉我们要辩证地看问题，实践才能出真知。具有辩证法的思想，才能够带领企业平稳地、健康地发展。

第三章

鬼谷子绝学之内炼智慧

鬼谷子用《本经阴符七术》的七篇文章来阐述领导者应具备的内功修炼。其中包括气质神采、敏捷思维、才学胆识、钢铁意志、通达事理、多谋善断等诸多方面，详细介绍了领导者要如何充实意志、涵养精神，如何将内在的精神运用于外，如何用内在的精神去处理外在的事务。

盛神法五龙：领导者要神采飞扬

所谓内功修炼，包括气质神采、敏捷思维、才学胆识、钢铁意志、通达事理、多谋善断等，这些是领导者必须具备的基本素养。怎样才能拥有这些素养？鬼谷子用了《本经阴符七术》七篇文章来阐述：前三篇是讲内养的项目——盛神、养志、实意，谈的是如何充实意志、涵养精神。后四篇讲的是分威、散势、转圆、损兑，说的是如何将内在的精神运用于外，如何用内在的精神去处理外在的事务。

现代的企业领导要具备三个条件：企业家的头脑，外交家的仪表，宣传家的技巧。当对方不知道企业具体情况如何的时候，他经常会通过企业的老板和管理层来判断这家企业的实力；当对方不知道企业管理怎样的时候，他就会通过企业员工的行为来进行判断，每个员工都代表着企业的形象。

鬼谷子谈到领导者时说，领导者必须是神采飞扬、光芒四射的。相传唐太宗手下的一帮文臣武将不爱说话，整天死气沉沉的。但只要英姿飒爽的唐太宗一到现场，气氛马上活跃起来。历史上对唐太宗有以下评价：光彩照人，谈笑风生，语惊四座，言服八荒。

光彩照人证明他具有出众的外表形象。

谈笑风生证明他具有非常强的人格魅力，很擅长和别人打成一片，有很强的亲和力。

语惊四座证明他具有很强的演说能力，站在众人面前，能侃侃而谈，挥洒自如。在现代企业中，如果是做营销团队的领导者，演说能力、演说智慧能够极大地提高他的领袖魅力，员工会觉得这样的人有思想、有头脑、有品位，跟他干有未来。

言服八荒证明他有很强的说服能力。

在当今社会，一个企业领导者应当具有专家一样的权威，明星一样的气质。专家一样的权威，是让大家对他产生信赖感；明星一样的气质，是让大家喜欢他。在企业里、团队里，大家既相信他又喜欢他，他当然有影响力了。

所以鬼谷子谈到领导人要“盛神法五龙”，“盛”的意思是旺盛，领导人不仅要有神采，而且要有旺盛的神采，要精神饱满、熠熠生辉、神采奕奕。

比如周瑜，程普曾说：“与周公瑾交，若饮醇醪，不觉自醉。”和周瑜在一起共事，就像喝酒一样，不知不觉地被他陶醉，被他吸引了。

比如毛泽东，谈笑风生，神态自若，眼神坚定，手势挥洒自如，妙语连珠并直达人心。

比如周恩来，他对自己的言谈举止要求极严，“一投足知身价”，“一张嘴定乾坤”。他没有太多的衣服，一件衣服可能穿十几年，但不管多么旧，只要站在众人面前，他的头发一定纹丝不乱，衣服一定熨得非常平整。他任何时候跟人说话，都不会斜着眼看人，一定是正视他人。他走的每一个步幅都很恰到好处，他说人走得太快缺乏稳重，走得太慢又显得懒散。

领导者的外在形象有可能会影响到员工的信心，而神采能为人的外在形象加分，能增加一个人的磁场和能量。所谓的磁场和能量，就是一个人的信赖感、亲和力、活力、激情、吸引力和影响力。所以，感召力、吸引力、无法抗拒的人格魅力是一个领导者必须具有的基本素养。日本推销之神原一平说过：“当你和别人在一起的时候，如果你没有魅力的话，你将毫无前途可言。”没有人愿意追随一个品位不高的人，没有人愿意和一个没有格调、没有吸引力的人打交道。一个有魅力的领导者能控制组织的气氛，他的磁场和能量能在他所到之处辐射和传播，让所有遇到他的人为之痴迷疯狂。

“盛神法五龙”的“法”就是学习、仿效。神采不是天生的，神采是可以通过学习，通过自己的修炼而得到的。一个人 30 岁以前的长相是爸爸妈妈遗传的，但 30 岁以后给大家的印象，要由自己负责任。一个人的容颜可以随着岁月的更迭而逐渐衰老，但一个人的气质是可以随着个人修为和内涵的提升而变得越来越好的。

一个人的发型改变了，他给人的感觉就有可能会改变。一个平时不化妆的人化妆了，给人的感觉也不一样。或者穿着打扮比以前得体了，也会让人觉得有气质。这些外在的形象都可以通过形体的修炼，通过色彩的搭配，通过服装的搭配进行提升。但最重要的是身体内在各个器官要协调。

比如，我们经常看到，外国人举行大力士比赛，或者健美先生、健美小姐的比赛，他们非常喜欢练肌肉。而中国人习惯练精气神，习惯调理、保养，使五脏六腑达到协调。鬼谷子说，“盛神中有五气”，“盛神法五龙”中的“五龙”是指“五气”，五气指的就是五脏的精气。

而在中医看来，一个人的情绪特质与五脏有关系。比如，喜相对应心，怒相对应肝，悲相对应肺，忧相对应脾，恐相对应肾。

如果一个人太容易激动，容易大喜大悲，那可能就是心脏出毛病了。

肝不好的人爱发脾气，爱发脾气反过来会影响肝，比如一个人容易发怒，不管大事小事，不管值不值得生气，他一定会生气，就可能肝脏有毛病，这时就应该先补肝，益肝。肝主谋略，肝功能很好的人则往往深谋远虑。

如果一个人每天很忧郁，哭哭啼啼的，可能肺是有毛病了。比如林黛玉，整天哭哭啼啼的，得的是痨病，痨就是肺结核。

如果是烦恼过度晚上睡不着觉，失眠，那就从健脾开始。

如果肾有毛病，人易恐惧。为什么人各有命？是因为人各有志，志向不一样。为什么志向不一样？主要是因为，第一，跟肾功能好不好有关，肾功能不好的话就可能胸无大志。第二，跟与哪些人在一起有关，看在一起的人能不能激励自己。第三，跟受到的教育有关，受到的教育不同所具有的见识也不同。

人内在的修为在于养，要有旺盛的神采必须使五脏六腑运行平衡，功能强健。而种种情绪都会影响到一个人的内脏，内脏反过来也会影响到一个人的外在情绪。当人心情不好的时候，看着什么都不爽，觉得谁都对不起他。而哪一天如果心情好了，人逢喜事精神爽，就会变得和蔼可亲、和颜悦色。心情好了见谁都问好，见谁都微笑，就会一团和气，最后和气生财。

五脏六腑得到调理以后，五气得养，人的心术就通了。心术通了，人会有充沛的精神，思虑就会精纯，能获得真知灼见。

那么如何养气？养气，就得让自己静下来，佛家叫作坐禅，强调戒、定、慧。戒，控制自己的欲望不要随心所欲，控制欲望是为了顺应规律，然后达到安定，心定则生静，静则生慧。

儒家叫作止于至善，强调知之而后有定，定而后能静，静而后能安，安而后能虑，虑而后有所得。就是知道什么该做，什么不该做，让自己定下来，才能静下来，静下来才能心安理得，才能够认真思考，认真思考才能得到真知灼见。

古人说“锐气藏于胸，和气浮于面，才气行于事，义气施于人”，就是说永远不要咄咄逼人，不要锋芒毕露，待人要一团和气，做事要有才气，与人打交道要讲究义气。

鬼谷子还告诉我们，顺应规律的人叫作真人，真人者与天为一，最高境界就是自然而然。比如春季重在生发，肝属木，重在养肝。夏季的时候发散，那可以经常洗澡发散出来。秋季要养肺，冬季要养肾。顺应规律，还要不吃违反时令的东西。夏季可以吃西瓜，因为它是凉性的，合时宜的，冬天就不要吃，冬天吃就是逆时节。比如中午 11 点到下午 1 点，是午时，此时心经当令，在这种阴阳交替的关键时刻，最好能小憩一下，不要干扰了阴阳的变化。子夜1点到凌晨3点之间是肝经当令的时间，这时需要上床休息、静卧，让肝顺利排毒。早上三四点钟咳嗽的病情会加重，因为那是肺排毒的时间。早上5点至7点钟一定要起床上厕所，那时膀胱经当令，该排泄的时候就要排泄，不排泄，比吃了毒药还要厉害……

凡人就是老子所说的众人，是不研究规律，不适应规律，随心所欲，浑浑噩噩，想怎么做就怎么做，顺应自己的欲望而不顺应规律的人。主动去了解规律、见规知类、总结规律、顺应规律的人叫圣贤，从凡人到圣贤，就是了解规律顺应规律的过程。

养志法灵龟：领导者要意志坚定

领导者要意志坚定，绝不能随意动摇。如果耳根子很软，别人说一句话就改变了坚定的志向，那就难成大事。专心才能专一，专一才能专注，专注才能专业，专业才能卓越，卓越才能够超越！不要受太多欲望的吸引，知道自己该做什么，不该做什么，少些欲望才能保持灵活多变、通达事理的头脑。怎样才能做到志向如刚？鬼谷子在《本经阴符七术》的第二篇谈到了“养志法灵龟”。

为什么要仿效灵龟？古人认为龟是有智慧的，龟以静制动，性情稳定，具有很强的意志，不容易受干扰。经常进健身房的人或者运动员未必都长寿，而那些高僧、道士却往往可以活100多岁。因为前者不断地活动，把身体的元气都激发到外表，外强而中干。而高僧、道士注重修行和养生，补中益气，调理内心，内心平静，往往会有超强的意志。而现代有很多人晚上睡不着觉，身、心、灵互相矛盾，这是对人体最大的消耗。

领导者为什么一定要培养坚定的志向？鬼谷子说：“志者，欲之使也！”志向是一个人欲望的代表，生命的本身就是一种欲望。但是“欲多则心散，心散则志衰，志衰则思不达也！”欲望太多人就分心了，精力和时间也会不够用，人的内心会感到很疲惫，思想不明确，导致无法行动，而不行动永远达不到自己的目标。所以如果“心气一，则欲不徨”，当志向只有一个时，人没有太多欲望，不会想干这个好，还是干那个好，不会犹豫，不会左右摇摆，明确知道自己要什么，这就会使精力关注在一个地方，自己所立下的志向就能达到。

心在哪里成就就在哪里，心在哪里财富就在哪里。精力关注的地方，就是能量聚集的地方，就像太阳能量很强大，却不会把钢铁划断，最多给人很热的感觉，但是激光却可以把钢铁划断，不是激光能量比太阳能量大，是因为它把热量都聚焦在了一起。现在社会使人的欲望太多，常有人问我，他能不能做这件事，能不能做那件事。我说：“不需要做太多的事情，把你自己擅长做的事情做到极致，所有你想要的都能如期而至。”

道家修炼入定，佛家修炼坐禅，儒家强调“知止而后有定”，鬼谷子更强调：“志不养，则心气不固。心气不固，则思虑不达。思虑不达，则志意不实。志意不实，则应对不猛。”如果不让自己具备坚强的意志，就会心气不固，那么思考就不能达到精纯，思考达不到精纯，意志就不坚定。意志不坚定，应变能力就不够。

“应对不猛，则志失而心气虚。志失而心气虚，则丧其神矣！”如果没有神气了，人就会恍恍惚惚，神、心、灵不合一。神、心、灵不集中，就不能做出英明的决断。

培养志向以后会有两个效果：内以养气，外以知人。五脏六腑得到调理，没有更多的欲望，心气合一，人晚上就能睡得着觉，叫内养气。外知人，思虑很明确的时候，人知道什么该做什么不该做，谁是愚，谁是慧，谁是贤，谁是不肖，不会看错人，用错人。

诸葛亮一生英明，最后六出祁山未得成功，功亏一篑。原因是他用错了一个人，当时有赵云、马岱他不用，让马谡这个没打过仗的人去守街亭。马谡不具有实践运作能力，让这人带团队，团队注定要失败。失了街亭，也就失去了蜀汉战胜的根基，最终一败涂地。

诸葛亮一世英明，为什么会在关键战役用马谡？很重要的原因是当时诸葛亮的身体已经垮掉了，他在心脏方面有严重的疾病。心脏有毛病的人往往神志不清，神志不清就可能会作出错误的决断。

另外，诸葛亮没有培养出合适的接班人。

五虎上将不能上阵了以后，“蜀中无大将，廖化做先锋。”诸葛亮事必躬亲，结果把身体累垮了。心智不明，作错了决策，用错了人，最终兵败身死，让蜀汉成为三个国家中最早败亡的国家。

现在对很多企业来说最大的问题是什么？是如何把老板解放出来。怎么把老板解放出来？要把下一级主管培养出来替代老板，把追随者培养成领导者。

其实，企业领导者做两件事情就行，第一件事情是定战略、定方向，第二件事情是知人善任，把合适的人安排到合适的位置上。如果没有明确的思考，方向自然定不对；如果没有明确的思考，自然也不会知人善任。方向错了，人又用错了，目标当然达不成。当领导者会知人的时候，他就会去了解员工的禀赋志趣，把员工放在合适的岗位上。职责分明，让每个人都恪守其道，企业才能够正常地运转。

实意法螣蛇：领导者要思虑精纯

领导者思虑要精纯，就是要不断地搜集更多的信息和资料充实自己，给自己提供更多决策依据，让自己的谋略得到提高。古代有望子成龙，现在则要望父成龙。一个好的父亲能够让孩子少奋斗许多年。公司里也一样，不要只强调员工成长，老板更需要成长。因为老板需要定方向、定战略，责任重大。怎么定战略？了解更多的信息，搜集信息，然后再去作决断。

《本经阴符七术》的第三篇讲道："心欲安静，虑欲深远。心安静则神明荣，虑深远则计谋成。神明荣则志不可乱，计谋成则功不可间。意虑定则心遂安，心遂安则所行不错，神自得矣。"就是说，我们要搜集更多的信息充实自己，让自己的思路更清晰。心安静下来了，才能够思考得长远。心安静下来，精神饱满，深谋远虑，才能够让我们得到好的结果，好的结果出来了，志就不乱了。志不乱了计谋也就跟着来了。

那怎么样才能达到思虑精纯呢？向螣蛇学习。螣蛇有几个特点：

第一，考虑周密。螣蛇会藏在一个隐秘的、不会被侵害的地方，极具耐心，且十分机警。有一位作家这样描写周恩来：周恩来就像敏锐的灵蛇，他谈判的时候身体前倾，眼睛看着你，随时捕捉时机实施反攻。他不错过你说的任何一句话、任何一个字，一旦抓住时机，他马上攻击过去，一击即中。所以周恩来善于处理国际事务中很复杂的问题。

第二，快速出击。一旦有猎物撞到它的势力范围，它能用极快的速度准确地出击。

第三，非常准。稳、忍、准、狠是蛇的特点，稳，稳健、很安稳、很安静。忍，隐忍，等待时机。准，一旦抓住时机，就确定准确的策略。狠，一击即中，使对方猝不及防。

怎样才能达到像螣蛇一样稳、准、狠？怎样把警觉变成自己的本能？靠的是训练。就是按照标准的动作一再重复，重复到潜意识，重复到变成本能的一种反应。就像学开车的人，刚开始手忙脚乱，不知道该怎么开，经过严格的训练，融会贯通了。到后来坐上车后，根本不需要想怎么开车，想着到哪里去就行了。人车合一的时候，实际上开车就变成自己的本能了。人的警觉、直觉也是可以训练的。比如一个警察，经常抓小偷，他往街上一站，大致看一眼就知道谁是小偷，而我们普通人就浑然不觉。因为警察经过了专业的训练。怎样去训练？

第一，见微知著，不断地学习总结。

第二，大量演练，提高自己的实践经验。

第三，内视反听。内视就是回过头来看自己，反听是听听自己的心声。内视反听是潜意识在作决定。自我分析、自我反省、自我总结、自我检讨，然后才能够自我超越、自我升华。这就是我经常给大家讲的一句话："每天不仅要洗脸，还要学会每天洗心。"

训练自己的警觉与直觉，自我反省和审察，令头脑清醒、思路精纯，有助于探究人世间的为政之道。怎样才能达到内视反听？需要安静五脏、和通六腑，精神魂魄固守不动。

关注事情的过程远比关注事情的结果更重要，过程是对的，结果一般也是对的。我训练大家的演说智慧，发现很多人在舞台下面侃侃而谈，头头是道，但到了舞台上一站就魂飞魄散。

原因在于内心没有静下来。

为什么没有静下来？因为他们一直在关注两件事情：一是关注结果，我能不能把它讲好？讲不好大家会不会笑话我？二是关注大家眼神。太考虑问题的结果，欲望太强，内心不能安定，思维混乱，对自己没有信心，所以一到舞台上就"断电"，一想到演讲就心惊胆战。不是他们不会讲，是因为他们没有经过严格的培训。当不关注问题的结果，只想把目前的事情做好时，结果自然就出来了。所以过程有时候比结果更重要。无欲无求，倒空自己，不要让一切烦恼缠绕自己的内心。自己的内心才能够静下来，静能生慧，思路也就出来了。

分威法伏熊：领导者要深藏不露

我们经常说“有志者，事竟成”，但前提是要识时务。如果鸡蛋立志去跟石头碰，结果肯定是自己碎掉。所以领导者还要学会知大局、识时务。

怎样识时务？就是要“分威法伏熊”。熊的威力是无与伦比的，一只熊掌拍下去可能会把一块钢板打弯。熊在攻击人之前，会把自己藏在一个没有什么能侵害它的地方，别人看不到它，一旦它发威，就能力克千军。这就告诉我们，时机未到的时候一定不要张扬。“圣人谋之于阴，故曰神”，圣人私下作准备，私下深谋远虑，别人都没有察觉到，等到他成功了，大家说他真神。“成之于阳，故曰明”，大家只看到成功者的外表，不知道成功者背后的努力，就会认为这个人是天生懂谋略。

对我们来说，如果一个机会来了，可以高调做事建功立业，时机未到一定要学会养精蓄锐、待机而动，不要张扬。我给很多大学生讲课，告诉他们职场兵法：如果想要领导者欣赏、器重，身边的人喜欢、愿意和他们打交道，下属推崇、支持，一定要学会给自己营造一个好的环境，到新的环境后不要急于标新立异。

如果一只鹤到一个鸡群里去，这只鹤可能会被这群鸡撵跑。到一个地方，先要了解这个团队，了解这个团队的文化，了解这个团队的价值观，先让大家接纳自己，喜欢自己，在融入团队的过程中，再暗暗地发挥自己的影响力。如果一个人初到一家企业，穿和大家不一样，说和大家不一样，见解和大家不一样，大家马上就会感觉到这个人对他们是一个威胁。最好的方法是像蘑菇一样，在暗暗的角落里慢慢成长，大家不会注意到他。突然有一天已经长起来了，不鸣则已，一鸣惊人，并且一鸣常鸣。一旦该他发挥的时候，就抓住机会全面发挥。

我们都知道“九子夺嫡”的历史事件，康熙的皇子们争皇位，老大后来被终生圈禁，老二（原太子）被康熙两次废黜，其他皇子康熙都没有看上，却单单看上老四雍正。雍正为什么能够取得皇位？因为别人都高调做事，都在为皇位打得头破血流时，只有雍正在认真低调地做事。康熙被皇子们弄得身心俱疲，结果看到雍正埋头做事，看到了他的能力，后来皇位就落到他的头上了。

吴三桂被封为藩王以后，儿子吴应熊被押在北京做人质。吴应熊去北京的时候，吴三桂跟他说：“做人质非常危险。一旦我这边有点动静，你可能性命都不保。要记住两句话，可保你在北京城安然无恙。”这两句话对我们现代人也很有帮助。第一句话是“得意的时候不得心”。当事业发展很顺利的时候不要内心里暗自得意，得意容易忘形！忘形的时候离祸患就不远了。第二句话更重要，“失意的时候别失口”。很多人一旦得势就张牙舞爪，唯恐天下不知道他们是什么样的人。一旦失意，便忍不住发牢骚。失意的时候不要发牢骚，要记得让自己嘴巴严一点，不该说的话千万不要说。

人生大道：圣智超群者须守之以愚，勇力抚世者须守之以怯，功高盖世者须之以让，富有四海者须守之以谦！不要锋芒毕露，不要咄咄逼人。文质彬彬，而后君子，海涵博爱是为长者。修炼长者风范，成就君子风度。

分威的意义是把自己的威势在时机未到时隐藏起来，不要让大家看到。

刘备在没有诸葛亮辅佐之前，颠沛流离、居无定所，投靠公孙瓒，投靠袁术，投靠袁绍，后来还与吕布合作，到曹操那里煮酒论英雄。曹操问天下谁是豪杰，谁是英雄。刘备假意说袁绍可为英雄，有五十万大军。曹操就说袁绍多谋寡断不能成大器。后来刘备说刘表是英雄，曹操又说刘表居于一隅，安于现状不能成大器。他就问曹操认为谁是英雄，曹操哈哈一笑：“今天下英雄，唯使君与操耳！”当时刘备以为他的心思被曹操看透了，“啪”的一下把筷子掉在地上，刚好突然打雷，于是刘备借势说：“一震之威，乃至于此。”就是说他被雷声吓得筷子都掉了，在曹操面前装出一副懦夫的样子，最终逃过一劫。

机会没轮到你的时候，一定安心不张扬，否则你没长大就被人践踏了。要慢慢成长变成参天大树，等到别人注意到你时已经没有办法撼动你了。

散势法鸷鸟：领导者要善用权威

当时机来的时候，要学会当仁不让，该出手时就出手。那怎样才能够抓住时机，高调做事呢？

鬼谷子告诉我们该出手时就出手，要迅雷不及掩耳之势重拳出击。学习老鹰从天上俯冲下来，把鱼从水里叼出来。鹰本来就很凶猛，从天上俯冲下来，力量更会增加十倍百倍。散势是发动自己的神采权威，把权威使用在特定人的身上。这个权威不发动则已，一经发动就有雷霆万钧的能量。突如其来，像神猛的鹰一样。

鹰有三个特点：

第一，超越。鹰飞得高，境界和别人不一样。一个老者把一个自认为英雄无用武之地的年轻人带到河边，将一粒沙子“啪”地扔到沙滩上，说你把我刚才扔的那粒沙子捡起来。年轻人说：“长者，这怎么可能呢？”长者手里拿一个金瓜子看了一下，扔到地下，说你把这个捡起来。年轻人说这太容易了。道理很简单，如果你是一粒不显眼的沙子，谁都看不到你，因为你不够优秀。如果你出乎其类、拔乎其萃，能力远远高于别人，自然会有人看到你，如果你是卧龙先生自然会有人三顾茅庐去请你。

第二，鹰不像老鼠一样一窝可以产出20多只，鹰一般一次生蛋2~5枚。《读者》杂志曾刊登一篇文章叫《鹰志》，讲到4枚鹰蛋孵出来4只小鹰，老鹰不再给它们吃的了，4只小鹰饿得受不了的时候，最强最凶猛那只就把其他3只吃掉，留下的这只就是最英明、最智慧、最凶猛的。因老鹰知道，自然界当中弱肉强食、适者生存。

第三，明察。鹰可以在万丈高空对下面小草里边发生的一些小动静了如指掌。一只小兔子想动一下，它在万丈高空也可以看到。一旦看到，俯冲直下，一击即中。

散势，就是散发威势，即利用权威和有利形势采取行动，就像鹰一样，能抓住时机，一举捕得猎物。

转圆法猛兽：领导者要善于谋略

领导者要善于谋略。“转圆者，无穷之计也。”这里说的“无穷之计”，就是以一连串的妙招，连锁发动，层出不穷，令人目不暇给，难以招架。领导人要具有这种无穷的智慧如铁环转圆不止，如猛兽威势不尽。

一个领导者，计谋和玄机要层出而不穷，一个计谋套着另外一个计谋。比如《三国演义》中说周瑜只有五万人马，曹操号称八十万大军，双方对战，周瑜如何打败曹操？先使离间计，促使曹操把水军都督蔡瑁、张允杀掉，让其没人领兵。徐庶此时向曹操推荐了庞统。庞统献一计，让曹操把船钉在一起。接下来，让黄盖诈降，再放火烧曹营。一个连一个的计谋，计里套计。做领导就应该这样，别人走棋看一步，领导者要知道二步三步四步以后的棋是什么。一环套一环，像铁环一样不断旋转，计策层出不穷。

转圆，是指谋事和说服技巧中的一种灵活性，转圆法猛兽训练的是谋略的速度。要查事物的原委，以求使用相符的策略去解决问题，并把握事物间的共性与个性的区别关系，从中总结经验，归纳原则，然后按照内在规律办事，以提高决策的效率。

圆，是圆圈。圆圈没有棱角，圆通滑润。圆圈没有始点，也没有终极。老子这样形容大道：独立而不改，周行而不殆。迎之不见其首，随之不见其后。大道无始无终，一阴一阳，变化不测，无穷无尽。《鬼谷子》说："故与造化者为始，动作无不包大道，以观神明之域。"古希腊哲学家们把"圆"视作精神的标志，精神包括思想、意志、感情，诸凡不受时空局限的东西，都属精神、灵性。圆圈便是它们的几何图形代表，与之相对的是方形。方形是人世间"正义"的标志，方形有棱有角，与别人碰撞不可避免，因为真理、正义是绝对的，无所通融。所以，方的代表是实际的世间法，而圆的代表可能是天马行空的非世间法。

圆所代表的是精神境界，人们的思想、意志和感情，不受时空所局限。人心像孙悟空的筋斗云，一筋斗就是十万八千里。人的思想、幻想，上穷碧落下黄泉，都可以在一刹那之间发生，而且无穷无尽。世间法是实实在在的，必须老老实实地因循，所以取经的路要一步一步地走。

一个人不免会碰到不利的环境、顽强的对手、复杂的情态和事态，而要巧做周旋，圆熟应付，就要心、智、术综合运用。有圣人的明澈心境、难以为人所预料的智慧、深睿的心计，使主观之神、客观之道混为一体，才能转圆无穷。

"无穷者，必有圣人之心"，要想有大智慧，首先得有圣人的胸怀，大智慧来自于大胸怀。我们说，狭路相逢勇者胜，两勇相逢智者胜，两智相逢仁者胜。江山盛文藻，风流亦吾师。昔者，老子观道，孔子观水，张衡观天地，陆羽观茶茗，鬼谷子观兵势进退，司马迁观史海沉浮，徐霞客观山川纵横，曹雪芹观人情厚薄……世间万物，莫不可观，每观一物，莫不有所得。有大格局的人、有高境界的人、有仁爱之心的人，他就有大智慧。所以，首先要有圣人之心，然后才能找到“不测之智”——别人看不到的智慧。

如何让谋略层出不穷呢？“智略计谋，各有形容”。计谋各自有外在的形态，或圆、或方、或阴、或阳、或吉、或凶。“事类不同”，根据不同的类别进行不同的决断。万事万物，经过归纳总结，就能找到规律。《反应篇》中谈到“古之大化者，乃与无形俱生。反以观往，覆以验来；反以知古，覆以知今；反以知彼，覆以知己”。意思是古代化育众生的圣人，是与大道共同生存的。他返过去观察既往的历史，翻过来察验将来；返过去考察古代，翻过来审视如今：返过去探究别人，翻过来认识自我。“动静虚实之理，不合来今，反古而求之，事有反而得覆者，圣人之意也，不可不察”。意思是事物动静虚实的道理，如果跟今天的现实和将要发生的情况不合，便返回去研究古代的历史，从而寻求出正确答案。事情往往有反求于古代而得到成功启示的，这是圣人的方法，我们不可以不认真研究学习。

“圣人以道先知存亡”，因为圣人知道规律，所以知道事情什么时候开始，什么时候结束。“乃知转圆而从方”，才知道怎么样去制定相对应的计谋，打败对方。

转圆的目的是什么呢？

第一，以圆求合。合即顺通，融洽。所谓“转圆以求合”和“圆者所以合语”，都是要用转圆的灵活办法使主客双方思想沟通，语言融洽，关系和谐。这样就使施说、进谋、处事都能顺遂。由此才可“辩论万类”和“说义无穷”。

第二，以圆求方。方是一种原则，一种目标。以圆求方，即以灵活的办法求得原则的贯彻、目标的实现、事情的成功，这是以变求不变。所谓“转圆而从方”，意思是圆是应变的需要，但并非只是苟且，也是为了求得进展与深化。“转圆而从方”还有一层意思是，圆是运智，方是行事。运智周圆，说话圆润，其目的是行事方正。

鬼谷子说：“圣人以道先知存亡，乃知转圆而从方。”这是说圣哲之士名晓大道，凭此可以预知成败存亡，所以能从无穷计谋中选出最合事情，最合计谋来制定可行的措施。“转圆而从方”，就是把人们从天马行空的思维里，拉回到现实里来，用世间法去实施。

鬼谷子说：“天地无极，人事无穷，各以成其类。见其计谋，必知其凶吉、成败之所终也。”

领导者，对于天下万事万类如何变化，都要胸有成竹，自有主见。看到人家的行动，就能判断他们最后的结局是好、是坏，是成、是败，即善于因事权变，随物而转，随势而化，富于智慧，敏于细微，思维圆熟，说话圆润，处事圆通，以圆应物，以圆趋时，不会因阻而折，因困而穷，不会固执成见，拘泥成规。因为天地是无极限的，人事是无穷尽的，事无常准，说无定法，只能随物而转，以圆应变。

转圆这办法与天地万物同在，是一种客观规律，包含着宇宙的真理，从这里可以看到整个神明聪睿的开阔领域。

损兑法灵蓍：领导者要知机权变

领导者要知机权变，要善于观察分析问题的原则。“兑”就是能够用心、用眼来观察外物，获取更多的信息；“损”就是能够排除不利因素而行之。“损兑”是一种微妙的判断，当出现变兆时，要尊重客观，调整自己，即便是最微小的变化，也不可不细察。这要效法灵蓍，善断吉凶祸福。

“世无常贵，事无常师”(《忤合篇》)，世事不断变化，圣人也不会一成不变，而应该“事之危也，圣人知之。独保其用，因化说事，通达计谋，以识细微”(《抵巇篇》)。意思是说事物出现危险征兆时，圣人便能先行察觉。他能保持清醒的认识，发挥独特的作用，顺应变化之道来分析事物，陈说利害，因而能通达计谋，辨明事物的细微之处。如何去预知、应对事情的是非得失、成败利钝呢？鬼谷子建议学习灵蓍，知机权变。

蓍草又名长寿草，能活上千年，所以也叫智慧草。生长于周口淮阳羲皇庙内、安阳羑里和山东曲阜，属于蒿类植物。味辛苦，性平温，有毒。能祛风止痛，活血，解毒。主感冒发热，头风痛，牙痛，风湿痹痛，血瘀经闭，腹部痞块，跌打损伤，毒蛇咬伤，痈肿疮毒。也有养生功效，益气、明目，能令人聪慧，头脑灵活，长期服用，让人身材轻健，延年益寿。另外，它还能滋润肌肤。《本草纲目》曰：能气冲肌肤，明目，智慧，先知。久服可令人不饥，不老，轻身，强健。《高士传·老莱子》：“枝木为床，蓍艾为席。”《史记》曾说：“老莱子，或即是老子。”他用蓍草和艾草做席垫，所以寿命极长。《白虎通》：“孔子云：蓍之为言，耆也。”耆即老年人。人年纪越老，经验阅历越多。《易经·系辞上》：“探迹索隐，钩深致远，以定天下吉凶，成天下之亹亹者，莫大乎蓍龟。”“是故，蓍之德圆而神。”古人把灵龟和灵蓍并称，用作占卜吉凶的工具。

《鬼谷子》在本篇把蓍草称作灵蓍，着重在“灵”字，也就是强调蓍草的气充、明目、聪慧和先知的特点。要求领导者要效法灵蓍，把它的特点转化成为自己的素养。常言道：疾风知劲草。蓍草虽然是草，却能不惧疾风暴雨和雪霜。它和所有别的草都不同，如《吕氏春秋》所说，鱼鳖不食饵者不出其渊，树木胜霜雪者不听于天。蓍草就是不听于天的草。它的茎干又硬又直，能够存活千百年。

鬼谷子用它来作领导者素质的结尾，是有特别用意的。而这个特别的用意，千百年来一直都被人忽略了。因此解释“损兑”两个字都非常牵强，显得特别疲软无力。鬼谷子最后要人效法的蓍草，虽然是不能动的植物，处境很被动，但能量却比龙、虎、熊、鹰都大。它仅是一株草，草本作为软弱之体很容易被人轻视，也很容易被人摧残，但是，蓍草的生存能力特别突出，象征一个能力很强的领导者却在许多无奈的环境下，备受不公平的待遇和摧残。历史上有许多贤能之士，由于环境的影响无法幸存，除了他们本身处境非常凄惨外，当时所处的整个社会，甚至国家、民族都遭受了很大的损失和不幸。因此，一个领导者必须在自身生存方面效法灵蓍。这个智慧千万不能忽略！

损兑是什么意思？鬼谷子说："损兑者，几危之决也。"所谓损兑（即损益），是在遇到危险征兆时，做决断的依据和关键。因为客观世界是复杂的，变化的，往往会出现无法预料到的偶然情况，而且任何事物都存在成和败、兴和衰的两种可能性，往往会有细微的危险因素潜藏着，或出现征兆。人要情识远深，知机玄览，知于未兆，察于未形，就要通过对客观世界的观察分析，增加新知，淘汰旧知，按照客观事物的本质来修正自己的成见。这就是损兑。

领导者思维必须要比别人更超前。站在未来看现在，你才会一切都在把握之中，在危机到来之前，你能预见危机，从而避开危机，这才是领导者的使命。领导者的使命在于四个字：救亡图存。所以居安必须思危，有思才能有备，有备才能无患。无事时当作有事时准备，方可消意外之变。有人曾经给消防行业题词："隐患险于明火，防范胜于救灾，责任重于泰山。"领导者的职责就在于发现隐患而避免隐患的产生，发现微小的生机，并让它茁壮成长！

决，就是决策。这是对纵横策士、帝王将相和各级领导者的重要挑战。领导者无时无刻不面临着决策，而决策的正确与否，又关系到他自己或很多人的盛衰存亡。

“兑者，知之也；损者，行之也”，兑（即增益），是通过考察研究，增加对事物的了解；损（即损减），就是减少、排除不利的观念或杂念，从而善断利弊吉凶，而有利于下一步行动。

鬼谷子认为，圣明的人，“无为待有德”，虚心受物，尊重客体，言说要符合客观事物，要根据客体的本来面目作出对事实的判断，不能因为自己的看法而不尊重别人的不同看法。这样才能“辞不烦，心不虚，志不乱，意不邪”。这是对主观随意性的否定，强调对客观事物的敏锐感受、尊重与速决。如果主观意志与心目所察觉到的事物不相符，则圣人不会随便发表意见，要求主观与物相应，这就是损之兑之。

要能够适应事物的难易程度，为其制定策略，同时顺应自然之道来实施。策略的增减变化，都要经过仔细地讨论来判断得失，要善于揣摩对方的心理状态，了解事物隐微的征兆，然后再进行决断。

道者从圆，而德者从方，圆者不行，而方者不止。分圆而成方，朴散而为器，道散而为德。圆者，完全对称，完全平衡，完全封闭，而方者，非完全对称，非完全平衡，非完全封闭，也就是说“方”是一个宇宙内在的开放系统，是相对对称与平衡的。“圆”本来易于转动，之所以不动，因为各方力量平衡；“方”本来是容易静止的，之所以动，是因为失衡。圆者守恒，故“不行”，而方者失衡，故“不止”，即运动变化，也称“易”。“圆者不行，方者不止”，换句话说，道者恒而德者易。如果能做到像“圆”一样，周密平衡；还明白“方”在力量失衡时，也会动摇、变化。那就“必成大功”。

善于损兑者，其势能会有像从千仞高山上把石头滚下来那样的冲力。石头在平地上根本没有太大的力量，可是从高山上滚落下来，力量如千军万马，形势就大不相同了，所向必通，无法阻遏。

第四章

鬼谷子绝学之纵横智慧

联合众小攻击一大，联合众弱攻击一强为合纵；用一个强国拉拢一些国家去对付另外一些国家，叫连横。如何让诸侯听取游说者的意见？说客需要具备知大局、明事理、通辩辞、会权变、全智勇、能谋略、善决断等几个条件。

鬼谷子说服别人的核心秘诀是十六个字：诱之以利、胁之以灾、动之以情、晓之以理。

量权：了解局势

什么叫纵横？联合众小攻击一大，联合众弱攻击一强为合纵；用一个强国拉拢一些国家去对付另外一些国家，叫连横。合纵连横当中有一个非常重要的技能，那就是外交辞令。

接下来我们就分享一下那些战国的纵横家是靠什么说服诸侯，靠什么让别人听懂他们的建议、听懂他们的进言的。

鬼谷子把纵横之道分为四个方面。

第一，量权。量是指衡量，权是指权衡利弊。首先收集资料，权衡利弊，掌握各国的形势。

第二，揣情。通过面部表情、肢体动作等外在的表现，来推测对方内心的心理活动，推测他下一步想做什么，该做什么。

第三，摩意。摩意就是通过揣情，把收集的资料进行加工归纳，然后再反过来证实资料的准确性。要想说服对方，这是很重要的一个技巧。

第四，趋利避害。了解人性是趋利避害的，根据人性的弱点得到对方的认可和肯定，取得对方的信赖，再去引导对方按照你的计谋行动。

游说的前提是量权，鬼谷子说：“古之善用天下者，必量天下之权。”就是古代那些善于治理、游说天下的人，必须要先了解天下的局势。

说客需要具备几个条件：知大局、明事理、通辩辞、会权变、全智勇、能谋略、善决断。如果你想成为出众的外交家，出众的公共关系专家，不仅需要具备渊博的知识，需要广泛地收集各方面的资料，还要学会移情，即站在对方的立场去看问题、考虑问题、解决问题。

所谓量权，实际上就是衡量对方的综合实力。比如古时游说诸侯，需要衡量对方的综合国力，包括国家人口多少、地理位置的险易程度、国土面积的大小、领导者的智愚、领导者的性格、做事的心智模式、领导者对哪一个臣子比较亲近、对哪个臣子比较厌恶、领导者目前追求的是什么、领导者忌讳的东西是什么，等等，都需要了解。

比如现代，我们做生意时，也需要了解合作伙伴的综合实力。企业规模大小，员工多少，每年业务量多少，主要客户是谁，供货商是谁，产品对象是谁，下一步计划做什么，想上什么生产线，供货价格如何，市场情况怎样，目前急需要解决的问题是什么……你必须对这些情况都非常了解和有确实的把握，和对方谈合作时才能够驾轻就熟，直达对方内心，抓住对方的弱点。

揣情：揣摩对方心理状态

游说的出发点就是揣情，所谓揣情，就是琢磨揣度对方的心理状态。那么，如何揣情摩意，如何洞悉对方的动机？其实，不管是买东西还是卖东西，不管是与人沟通还是说服别人，首先要明白他心里想的是什么，然后才能影响他。你可以让任何人做任何事，只要他愿意。那如何让他愿意做事？就要考虑让他趋利避害，因为大部分人都是追求快乐、逃避痛苦的。

那么如何才能做到揣情？有三个方法。

投其所好

投其所好，也就是顺着对方的性情去揣摩。那个人想听什么话，想得到什么，你要先了解清楚。一个人只要活着，就不可避免地会有欲望，只要有欲望，就有被别人一击即破的弱点。有些人爱财，有些人爱名，有些人重江湖义气，有些人好色……而在这个过程中如何才能得其情？首先要投其所好，让他谈自己想谈的话题，谈不到十分钟，他就会向你打开心门，接纳你。

顺着对方的性情去揣摩，听他对哪个话题感兴趣，找到你们之间更多的共同点。那么，如何做才是有效的揣摩？首先，要了解对方的身份，企业家关心利润，财务工作者关心成本，家庭主妇关心如何省钱。男人关心政治、经济、体育，关心事业和机会。女人关心如何变得漂亮，如何变得年轻，关心孩子、老公、家庭……

其次，要了解对方的想法。鬼谷子告诉我们："揣情者，必以其甚喜之时，往而极其欲也！其有欲者，不能隐其情。"这句话的意思是，要想了解到对方的真实想法，第一，可以让对方非常高兴，因为一个人太高兴了，往往会按捺不住内心的喜悦，笑意写在脸上。第二，可以让对方非常恐惧，一个人害怕了，情绪波动很大，也会隐藏不住自己内心的想法。

《孙子兵法》里谈过，如果对方的将领非常冷静，就想办法让他发怒，想办法让他生气。因为人一生气就会不理智，人一发脾气就变成了"坏孩子"。在现实生活中，我们也经常会遇到这种情况。

当对方情绪处在一种极端的状态，大喜大悲，或者异常害怕时，他的喜怒会形于色。所以用正当方法得不到资料的时候，可以想办法刺激他，让他得意忘形，让他发脾气。

旁敲侧击

“感动而不知其变者，乃错其人勿与语。”刺激他大喜大悲，他还是像一口深井一样，波澜不兴。这时候该怎么办？不要理他，把他暂时搁置，问他身边的人。也就是说，当你实在不能通过这个人本身来了解他的情况时，那可以先去了解他身边的朋友，看他和哪些人经常在一起。“不知其人，观其友也。”因为物以类聚，人以群分，看他交的朋友怎样，爱好什么，大致也能推断出他的情况。

另外，有时候换个环境进行沟通，效果会大不一样。比如，到对方的工作场合探听他的商务信息，一般他不会告诉你，但是如果换了环境，和他去打打高尔夫，去咖啡厅坐坐，去看电影，到比较放松休闲的地方，可能就会把他的心门打开了。

故事

有一个国王，他的王后去世了，他想再立一位王后，就问他的大臣立谁好。臣子不知道国王喜欢哪一位妃子，为了摸清国王的想法，他说：“大王，容我好好考虑一下，明天回答您。”如果他当时就说建议立哪位妃子为王后，结果说的不是国王心里的人选，最后不是他说的那位妃子当上了王后，他的下场可能会比较惨。

国王共有六位妃子。臣子回到家后，就找了大珍珠做成耳环，然后送给国王，说东海今年上供六副耳环，可以给六位妃子，这其中有一副最大最漂亮的。之后他就问太监，那副最大最漂亮的珍珠耳环给了谁，然后心里就有数了。第二天国王问他应该册封哪位妃子为王后的时候，他就说了那位得到最大珍珠耳环的妃子。国王觉得这位臣子非常了解自己的心意，从此以后也就把他当作心腹来看待。

见微知著

见微知著是说能够在观察到对方小的漏洞以后便乘虚而入，进而了解对方更多的内心活动。我们要有敏锐的眼光和灵活的头脑，才能见微知著，洞察到对方的内心。

经常是从一个很小的方面入手，从而了解对方整个人，最终促成合作或顺利说服对方。

摩意：揣测他人意图

游说的顺利进行除了揣情之外，还要摩意。摩是揣测、体会，意是意图、心意。摩意就是揣度他人的意图之后顺从其意，把对方的资料搜集过来以后，再进行分析、总结、推敲、检验，并反问对方是不是这个意思。

很常用的一个句式是："您说的意思是……，我的理解没错吧？"比如对方说："哎呀，这件事情我需要回家跟我老婆商量一下。"你可以说："那您的意思是您对这个产品没异议了，对吗？如果您老婆同意，就没有其他的问题了，是吗？"这是通过锁定问题方式让对方无法拒绝。目的是要把对方的问题锁定过来，反问回去，多次进行验证，以检验自己得到的信息是否正确。

言善以始其事：趋利避害

游说的原则与策略叫趋利避害，鬼谷子在《捭阖第一》中谈到过说服他人的终极秘笈和原则：“故言长生、安乐、富贵、尊荣、显名、爱好、财利、得意、喜欲，为阳，曰‘始’。故言死亡、忧患、贫贱、苦辱、弃损、亡利、失意、有害、刑戮、诛罚，为阴，曰‘终’……言善以始其事……言恶以终其谋。”

这段话的意思就是：那些长生、安乐、富贵、尊荣、显名、爱好、财利、得意、喜欲是人们想要的，如果按照我给你出的主意做，这些都能得到。如果你不按照我说的做，坚持你以往的想法，你会得到死亡、忧患、贫贱、苦辱、弃损、亡利、失意、有害、刑戮、诛罚。言外之意是按照我说的做，会得到好处。不按我说的做，会得到恐怖的结果。把快乐说透，把痛苦说够，对方就会行动了。

当然，鬼谷子还讲过“与阳言者，依崇高；与阴言者，依卑小”。就是说，如果这个人是心态阳光、追求积极的，那就告诉他，买产品等于快乐。如果对方是心理消极的，那就告诉他不买产品等于痛苦。

趋利避害，用这个方法可以说人、说家、说国、说天下，可以无所不出、无所不入、无所不可。国内外很多营销理论基础都是了解对方的需要，满足对方的需要。其实，鬼谷子两千多年前就谈到，这是最基本的状态。你认为一个产品多么好，他认为也很好，但是让他买，他会说以后再说，也就是说，他未必真的想要。那么，怎样才能让他当时就买？这就需要把他的“需要”激发成“想要”，影响他的内心。他已经“想要”了，但是不会买很多，就买一点，那就把他的“想要”激发成“渴望”。怎样把“需要”激发成“想要”，把“想要”变成“渴望”？给他描绘一个美好的前景，把他得到的好处、价值描绘出来，他就产生渴望了。

其实说服别人是一种最高超的语言技能，说服绝不是征服，而应该是感化感动，理中要有情。谈合作，影响对方的心比影响对方的大脑重要，大脑是理性的，心是感性的，他认为需要的东西未必会买，因为他很理性。但买东西 80% 是冲动消费，要影响他的心让他产生冲动，购买就在一瞬间。所以，要先处理心情，再处理事情。有情尚能动人。如果情理兼备，对方必然会心悦而诚服。

人受感动的时候，有些事情没理也要做。比如电视剧《亮剑》中的李云龙，他的兄弟魏和尚被土匪杀了，给兄弟报仇是感情，但这帮土匪已经被八路军收编了，再去报仇就是违反军纪。但李云龙说：“我先把他脑袋砍掉，我再去军法处。我不亲手把他宰了，我心口这恶气出不了。”这就是用情的表现。

鬼谷子的说服艺术

十六字说服箴言

我把鬼谷子说服别人的核心秘诀总结成了十六个字：诱之以利、胁之以灾、动之以情、晓之以理。就是说用利益去引诱他、诱导他，用灾难去恐吓他，用感情去打动他，用道理去说服他。

鬼谷子对自己的说服艺术充满自信，他说如果自己的意见无人执行，自己的话没人听从，那是因为道理没讲明白。如果道理讲明白了，别人还没有执行，那是因为没有说到对方的心里。如果道理说得清楚、辩得明白，又能投其所好，说出的话立论独到、字字珠玑、条理清晰，能够打动人心，那么绝对不可能说服不了别人。

说服要诀

另外，说服的要诀还有以下几个：

首先，要学会因人而异，见人说人话。

我们说出门看天气，进门看脸色，见人下菜碟。这不是功利，而是要根据不同的对象，用不同的说话语气和不同的沟通方式。《鬼谷子·权第三》中说道："与智者言，依于博；与拙者言，依于辩；与辩者言，依于要；与贵者言，依于势；与富者言，依于高；与贫者言，依于利；与贱者言，依于谦；与勇者言，依于敢；与过者言，依于锐。"

如果对方是非常有智慧的，那么你要靠渊博的知识去说服他；如果对方很笨拙，那么你就要说得清楚易懂；如果对方很善于辩论，那么你就要简洁明快地说话；如果对方的地位很高贵，那么你要从气势上压倒对方；如果对方很富有，那么你要用高雅的气质去打动对方；如果对方很贫穷，那么你要通过利益去说服他；如果对方地位很低下，那么你要用谦和的态度赢得对方的尊敬；如果对方很勇敢，你要用果断去说服他；如果对方犯错误了，你要敏锐，不要碰到他的伤疤。你要多鼓励他、多肯定他。

其次，说要三宜。

"说者，说之也。"说话的目的是为了说服对方。"说之者，资之也。"要想说服对方，你要抱着帮助他的态度，让对方感觉到按照你说的方法对他是有帮助的，并要认清时机，考虑这些话现在到底能不能讲。

比如，这个人是喜欢在大庭广众之下说自己的心里话，还是只愿和至交好友分享。这个人是什么性格的，因为不同性格的人愿意听不同的话。有些人生来含蓄，跟他说话时就不要太直截了当。有些人本来就简洁明快，那就不要跟他绕圈子。根据不同的时间，根据不同的地点，根据不同的人去讲话，这样才能够有的放矢，说到对方的心里。

古代的大臣向君王进谏是很难的，伴君如伴虎。一句话说不对，可能就有生命危险。我们上学的时候，学过《邹忌讽齐威王纳谏》这篇课文。

故事

邹忌修八尺有余，而形貌昳丽。朝服衣冠，窥镜，谓其妻曰："我孰与城北徐公美？"其妻曰："君美甚，徐公何能及君也？"城北徐公，齐国之美丽者也。忌不自信，而复问其妾，曰："吾孰与徐公美？"妾曰："徐公何能及君也！"旦日，客从外来，与坐谈，问之客曰："吾与徐公孰美？"客曰："徐公不若君之美也。"明日，徐公来，孰视之，自以为不如；窥镜而自视，又弗如远甚。暮寝而思

邹忌

之，曰：“吾妻之美我者，私我也；妾之美我者，畏我也；客之美我者，欲有求于我也。”

于是入朝见威王，曰：“臣诚知不如徐公美。臣之妻私臣，臣之妾畏臣，臣之客欲有求于臣，皆以美于徐公。今齐地方千里，百二十城，宫妇左右莫不私王，朝廷之臣莫不畏王，四境之内莫不有求于王：由此观之，王之蔽甚矣。”

王曰：“善。”乃下令：“群臣吏民，能面刺寡人之过者，受上赏；上书谏寡人者，受中赏；能谤讥于市朝，闻寡人之耳者，受下赏。”令初下，群臣进谏，门庭若市；数月之后，时时而间进；期年之后，虽欲言，无可进者。

燕、赵、韩、魏闻之，皆朝于齐。此所谓战胜于朝廷。

——《战国策·邹忌讽齐威王纳谏》

有一天早上起来穿衣服的时候，邹忌问妻子自己和城北的徐公谁漂亮。徐公是齐国著名的美男子，妻子说他漂亮。他又问自己的小妾，小妾也说他漂亮。第二天来了一位客人，还是说他比徐公美。但是他看到徐公的穿着打扮、言谈举止，认为自己不及徐公美。拿着镜子又看一下自己，感到还是没有徐公漂亮。他突然想到一个问题，为什么妻子、小妾、客人都说他比徐公美呢？因为妻子爱他，情人眼里出西施，小妾怕他，而客人是有求于他。他第二天上朝的时候把这件事向齐威王说了一下，并接着说：齐国方圆千里，有一百二十座城池，后宫的嫔妃莫不有私于大王，大臣们莫不怕大王，诸侯莫不有求于大王，所以对待别人的话，大王心里边要好好想一想，他说的是不是真心的。

邹忌明白不能直接说君王的毛病，逆龙鳞是天大的冒犯，于是他用一个非常恰当的比喻让齐威王明白听别人话的时候应该抱着什么样的态度。果然，大王从善如流。所以向别人提建议，跟别人沟通，方法是非常重要的。

再次，必须要揣度怎么说，才能让说的话产生最大效力。

我经常说一句话：说服以攻心为上，但形式上要谈笑用兵，不要让对方感到你在强迫他，不要让对方感到有压力。说说笑笑之间就把生意做了。我曾经讲过销售的四个阶段，里面就包含了说话的技巧：

第一个阶段是狂剑乱舞，没有经过专业训练，销售人员见了顾客乱放炮，乱侃一气。

第二个阶段是上完课程以后，销售人员知道坐在什么地方，怎么开场，怎么进行商品说明，怎么作竞争对手的比较，怎么作拒绝处理，怎么要求成交，怎么去作介绍。

第三个阶段叫挎剑在身，见了顾客不需要用招式，不需要强迫对方，东聊聊，西聊聊，谈交情。一旦到关键时候，把剑拿出来，拔剑必见血，出鞘必杀人。一招制敌，一剑封喉。

第四个阶段是最高阶段，如果能融会贯通，就会达到至高无上的境界。也就是拉交情、谈人脉关系，双方变成朋友，什么事情都好谈。公司很多员工和我一起，与大客户交谈，他们会发现我与客户从来不谈商品，不谈合作，就谈交情。

有一次我们去一个地方开会，第一天我和会场的老板一起吃饭，他说会场价格最低3000元，不能再少。第二天我们又一起吃饭，吃饭过程中他说：“兰老师，你为什么要戴着一个水晶啊？”我就告诉他水晶的功能、水晶的功效。他说：“唉！我还不知道水晶有这样的功效呢。”于是我把一个水晶拿出来说：“这个水晶是我刚买的，送给你了。”当时他感到很震惊：“啊！这么贵重的东西，你怎么送给我啊？”结果中午吃饭的钱他掏了，当天晚上我们讲完课要付场地费，他说：“兰老师，以后我的场地只要空着你就来用，一分钱不要。”

真正高明的业务员不需要谈业务，不需要介绍产品，卖产品是最低档的一种推销员，卖一件产品最多赚到一笔提成。但如果交到一个朋友，赢得一份交情，那就是赢得了一片市场。所以，在说话过程当中一定要记着，对不同的人说不同的话，顺应对方的性情去说，了解对方的心。

《鬼谷子·反应第二》中有一句话：“其钓语合事，得人实也。”道藏本注：得鱼在投饵，得语在发端。发端则语应，投饵则鱼来，故曰“钓语”。所谓钓语就是用启发性、试探性的话语诱导对方说出真实想法。用简单而富有诱惑的语言，引诱对方开口，缩短彼此的心理距离，打开对方的话匣子，让对方放松警惕，然后投其所好，顺水推舟，将计就计，诱之就范。

故事

赵太后新用事，秦急攻之。赵氏求救于齐，齐曰：“必以长安君为质，兵乃出。”太后不肯，大臣强谏。太后明谓左右：“有复言令长安君为质者，老妇必唾其面。”

左师触龙愿见太后，太后盛气而揖之。入而徐趋，至而自谢，曰：“老臣病足，曾不能疾走，不得见久矣。窃自恕，而恐太后玉体之有所郄也，故愿望见太后。”太后曰：“老妇恃辇而行。”曰：“日食饮得无衰乎？”曰：“恃鬻耳。”曰：“老臣今者殊不欲食，乃自强步，日三四里，少益耆食，和于身。”太后曰：“老妇不能。”太后之色少解。

左师公曰：“老臣贱息舒祺，最少，不肖；而臣衰，窃爱怜之。愿令得补黑衣之数，以卫王宫。没死以闻。”太后曰：“敬诺。年几何矣？”对曰：“十五岁矣。虽少，愿及未填沟壑而托之。”太后曰：“丈夫亦爱怜其少子乎？”对曰：“甚于妇人。”太后笑曰：“妇人异甚。”对曰：“老臣窃以为媪之爱燕后贤于长安君。”曰：“君过矣！不若长安君之甚。”左师公曰：“父母之爱子，则为之计深远。媪之送燕后也，持其踵，为之泣，念悲其远也，亦哀之矣。已行，非弗思也，祭祀必祝之，祝曰：‘必勿使反。’岂非计久长，有子孙相继为王也哉？”太后曰：“然。”

左师公曰：“今三世以前，至于赵之为赵，赵王之子孙侯者，其继有在者乎？”曰：“无有。”曰：“微独赵，诸侯有在者乎？”曰：“老妇不闻也。”“此其近者祸及身，远者及其子孙。岂人主之子孙则必不善哉？位尊而无功，奉厚而无劳，而挟重器多也。今媪尊长安君之位，而封之以膏腴之地，多予之重器，而不及今令有功于国，一旦山陵崩，长安君何以自托于赵？老臣以媪为长安君计短也，故以为其爱不若燕后。”太后曰：“诺，恣君之所使之。”

于是为长安君约车百乘，质于齐，齐兵乃出。

子义闻之，曰：“人主之子也，骨肉之亲也，犹不能恃无功之尊，无劳之奉，而守金玉之重也，况人臣乎！”

——《战国策·触龙说赵太后》

这是著名的“触龙说赵太后”的故事，赵太后刚执政，秦国就派兵攻打赵国，赵太后向齐国求救。齐国说可以出兵，但要赵太后的小儿子长安君作为人质，赵太后当然不答应。左相触龙来了，跟赵太后寒暄，问她的身体如何，吃饭如何，太后于是放下心来，以为他不是来劝自己把小儿子拿去当人质的。触龙接下来话锋一转，谈起了自己的小儿子，说在临死之前希望小儿子能做后宫的侍卫。赵太后就问他一句话，难道男人也喜欢小儿子吗？触龙说比女人更厉害。赵太后说，哎！不可能的，女人最喜欢小儿子的，男人没有女人喜欢小儿子。

触龙通过给自己儿子安排工作这件小事，引出男人更喜欢幼子还是女人更喜欢这个话题。然后，触龙说他认为赵太后更喜欢女儿。并举例证明：赵太后的女儿嫁到燕国当了燕后，在古代，如果是娘家不让女儿回，女儿是不能自己回娘家的。女儿自己回娘家，要么是丈夫死了，要么是被丈夫休了。而赵太后在女儿出嫁的时候，抱着她的脚，让她千万不要回来，这就是在担忧女儿的未来。而从赵太后的女儿这一辈开始算起向上推三代，封到各地的王公贵族的孩子到现在几乎都没有了，为什么会这样？因为他们没有功劳就有那么大的封地，有那么大的职权，很多人都不服气。一旦他们有点小差错，别人马上就会把他们杀掉。所以如果不让孩子立功，就给高位，孩子肯定很危险。而长安君从未立过功，就有了那么大的封地，他的下场也不会有多好。所以说，赵太后更喜欢女儿。赵太后领会了触龙的意思，让长安君做了齐国的人质。

通过这个故事，大家可以明白鬼谷子说的说服人的方法，就是揣情摩意，先了解对方的内心、对方的爱好、对方的需要，然后把快乐说透，把痛苦说够。诱之以利、胁之以灾，然后动之以情、晓之以理，让对方去行动。

三步制君术

“捭之者，料其情也”，用开放的问题，搜集资料。“阖之者，结其诚也”，用封闭的问题，确定对方的真实想法。向对方描述他的说法，看自己理解对不对。通过了解对方的想法，了解对方的需要，告诉对方自己有什么资源可以满足他的需要，这种方法可以让对方的心门打开。

鬼谷子在这个方面谈到一个概念，叫作三步制君术。

第一步，符而应之。“你的意思我明白，你的看法我理解”，认同对方，找到更多的共同点，取得信任。

第二步，壅而塞之。当你与对方建立信任关系以后，切断他与别人的联系，让他只能跟你联系。

第三步，乱而惑之。对方不和别人联系，你就可以向其提条件了。因为对方没有选择，只能和你打交道。

赵高就很擅长用这种“三步制君术”。赵高口才很好，非常聪明，深得秦始皇信任。秦始皇外出巡视到沙丘时，因病去世。临死之前，立诏命公子扶苏到咸阳奔丧。赵高极力想让胡亥称帝，因为胡亥跟随他学习过狱法，非常听他的话，如果胡亥称帝，他就大权在握了，于是他扣下诏书，先说服胡亥，后又去说服李斯。赵高如何说服李斯呢？就是用了“符而应之”这一招。他说他和李斯均用法家治国，而扶苏仁义，怀柔天下，如果扶苏继位，一定会用蒙恬为相，他二人就会被“扫地出门”。而胡亥能力不是那么强，还是个小孩子，把胡亥扶上太子之位做了皇帝，就可以任凭他二人左右，李斯相位可保。李斯为了他和赵高的共同利益，答应了赵高的请求，立胡亥为太子。

故事

高乃谓丞相斯曰："上崩，赐长子书，与丧会咸阳而立为嗣。书未行，今上崩，未有知者也。所赐长子书及符玺皆在胡亥所，定太子在君侯与高之口耳。事将何如？"斯曰："安得亡国之言！此非人臣所当议也！"高曰："君侯自料能孰与蒙恬？功高孰与蒙恬？谋远不失孰与蒙恬？无怨于天下孰与蒙恬？长子旧而信之孰与蒙恬？"斯曰："此五者皆不及蒙恬，而君责之何深也？"高曰："高固内官之厮役也，幸得以刀笔之文进入秦宫，管事二十余年，未尝见秦免罢丞相功臣有封及二世者也，卒皆以诛亡。皇帝二十余子，皆君之所知。长子刚毅而武勇，信人而奋士，即位必用蒙恬为丞相，君侯终不怀通侯之印归于乡里，明矣。高受诏教习胡亥，使学以法事数年矣，未尝见过失。慈仁笃厚，轻财重士，辩于心而诎于口，尽礼敬士，秦之诸子未有及此者，可以为嗣。君计而定之。"斯曰："君其反位！斯奉主之诏，听天

李斯雕像

之命，何虑之可定也？”高曰：“安可危也，危可安也。安危不定，何以贵圣？”斯曰：“斯，上蔡闾巷布衣也，上幸擢为丞相，封为通侯，子孙皆至尊位重禄者，故将以存亡安危属臣也。岂可负哉！夫忠臣不避死而庶几，孝子不勤劳而见危，人臣各守其职而已矣。君其勿复言，将令斯得罪。”高曰：“盖闻圣人迁徙无常，就变而从时，见末而知本，观指而睹归。物固有之，安得常法哉！方今天下之权命悬于胡亥，高能得志焉。且夫从外制中谓之惑，从下制上谓之贼。故秋霜降者草花落，水摇动者万物作，此必然之效也。君何见之晚？”斯曰：“吾闻晋易太子，三世不安；齐桓兄弟争位，身死为戮；纣杀亲戚，不听谏者，国为丘墟，遂危社稷：三者逆天，宗庙不血食。斯其犹人哉，安足为谋！”高曰：“上下合同，可以长久；中外若一，事无表里。君听臣之计，即长有封侯，世世称孤，必有乔松之寿，孔、墨之智。今释此而不从，祸及子孙，足以为寒心。善者因祸为福，君何处焉？”斯乃仰天而叹，垂泪太息曰：“嗟乎！独遭乱世，既以不能死，安托命哉！”于是斯乃听高。高乃报胡亥曰：“臣请奉太子之明命以报丞相，丞相斯敢不奉令！”

于是乃相与谋，诈为受始皇诏丞相，立子胡亥为太子。

——《史记·李斯列传》

胡亥做皇帝之后，什么正事都不做，大臣想要见他一面非常难，他的命令也都需要通过赵高向外传达。这时，赵高已经把胡亥“壅而塞之”了，把胡亥和其他人完全分开，连李斯也很难见到胡亥。后来，赵高“乱而惑之”，罗织罪名，害死了李斯。

所以这个方法轻易不要使用，一旦使用这个方法了，则“拔剑必见血，出鞘必杀人”，非常有效。

第五章

鬼谷子绝学之成事智慧

天下最难的三件事，第一件是谋划难于必定周密，第二件是策划建议难于必定被采纳，第三件是做事最难于必定成功。如何才能顺利成事？需要我们懂谋划、善决策。

凡谋有道：科学谋划

成事需要具备哪方面的素养和哪方面的智慧？鬼谷子说过：“谋，莫难于周密。说，莫难于悉听。事，莫难于必成。”

天下最难的三件事，第一件是谋划难于必定周密，第二件是策划建议难于必定被采纳，第三件是做事最难于必定成功。这三件事正与本书题旨有关，也是我们做事情最终想达到的结果。

情投意合

要想做一个好的谋划，首先要考虑与谁合伙，与哪些人打交道。

慎重选择战略伙伴，慎重选择合作伙伴，要像找老婆一样去找合作对象，和老婆只是过一辈子，如果与合作伙伴合伙办的是百年企业，那就会牵扯到子孙后辈，所以找谁合作很重要。“鸟伴鸾凤飞腾远，人陪贤良品自高。蓬生麻中，不扶自直。白沙在涅，与之俱黑。”和那些品位高的人在一起，成长是不知不觉的；与那些低俗的人在一起，堕落也是不知不觉的。

《三国演义》开篇第一回《宴桃园豪杰三结义，斩黄巾英雄首立功》。《水浒》第十四回《赤发鬼醉卧灵官殿，晁天王认义东溪村》，这两大名著开篇的前几章都说的是建队伍的事，柳传志曾经说过，创业的第一件事情是定战略，第二件事情是搭班子。所以带团队是很重要的，和哪些人合作是很重要的。你能多快达到目标，关键取决于你和哪些人合作做事。

所以说“谋必欲周密，必择其所与通者说也”，所谓周就是周详完整，希望没有任何的遗漏。所谓密就是细密、细节，天下大事必作于细，天下难事必作于易。天下大事必是从每一个小的细节来抓，从容易的地方入手。谋略要想达到周密，必须选择与自己亲密结交的思想相通的人士。而“通者”包括两个方面。

第一，价值观要统一，方向要一致。物归其类、“抱薪趋火，燥者先燃”，拿着一堆柴火放到火里边，最干的柴火最先燃烧。“平地注水，湿者先濡”，在平坦的地方倒水，湿润的地方首先进水。价值观一样，彼此情投意合，就会一拍即合。

第二，专家，内行。价值观达成一致之后，这个人还得是这方面的专家、内行，否则他对你要做的事情一知半解，甚至根本就不了解，他能给你出什么有用的主意？

找到人之后，“结而无隙也”，把利益结合在一起，没有任何缝隙。情投意合，彼此认同，且要多做沟通多商量，提的建议对方才愿意接纳。

“同情而俱相亲者，其俱成者也。”情投意合而互相亲近的人，是因为双方都能获得成效。

“同欲而相疏者，其偏害也。”思想情欲相同而互相疏远的人，是因为只有一方有利。

“同恶而相亲者，俱害者也。”同时被人憎恶而关系密切，是因为双方都受到了损害。

“同恶而相疏者，偏害者也。”同时被人憎恶而互相疏远的人，是因为只有一方受到损害。

“故相益者亲，相损者疏。”相互有利就亲近，相互损害就疏远，这是规律在发挥作用。

鬼谷子的另外一个追随者叫黄石，他写过一本书叫《素书》，里面说道：

“同志相得”，大家有共同的志向，彼此在一起合作，互相搭台，就能获得更多的收获。

“同仁者相忧”，都有仁爱之心的人，会互相担忧，英雄惜英雄。

“同恶相党”，大家有共同的敌人就能结成朋党。

“同爱相求”，你也喜欢书法，我也喜欢书法，我们两个在一起就有共同的追求。

“同美相妒”，就是说同是美人，会互相嫉妒。比喻有同样擅长之术的人不易相处。

“同智相谋”，大家都非常有智慧，在一起商量的话会相得益彰。

“同贵相害”，在一个朝廷里，皇帝喜欢这个臣子，也喜欢那个臣子，这两人争宠，就会互相掐起来，明珠和索额图就是如此。

“同利相忌”，是说同行是冤家。

“同声相应”，指志趣、意见相同的人互相响应，会自然地结合在一起。

“同气相感，同类相依”，同一类的人很容易走到一起。

“同义相亲”，彼此都讲究道义，更容易亲近。

“同难相济”，平时大家各做各的事情，见面不互相打招呼。但遇到大灾难的时候，不管认识不认识，大家都会捐钱出力，互相帮助。

“同道相成”，志向一样的人会相得益彰，共同取得成功。

“同艺相窥”，大家都有手艺，就会想着如何把竞争对手的手艺学到手，看看竞争对手是怎么做的。比如你也做包子，他也做包子，他做的包子很多人去买，你肯定会思考为什么他的包子那么受欢迎。

“同巧相胜”，大家在哪一个方面都有这个技巧，彼此不服，都想争夺“头把交椅”，看谁是江湖第一，谁是老大。

我们与别人打交道过程中需要了解人性。出谋划策者共事之时若不能同义相亲、同类相依，谋划就不能周密。

如果彼此之间价值观不一样，所遵循的道义不一样，谋划就很难达到周密。只有把彼此的利益结合在一起，才能够合情、合力、合拍、合时、合数，才能够把彼此的潜能激发出来，把自己的想法贡献出来。

不同的谋略需要不同的人去实施

谋略的运用离不开人，一方面谋略需要人去实施，另一方面谋略实施的对象也是人。

人上一百，形形色色，不同的谋略需要不同的人去实施，不同的人需要运用不同的谋略来对付。在鬼谷子看来，人大致可分为“三才”和“三不肖”。

那么，鬼谷子所谓的“三才”和“三不肖”究竟是什么人？谋略之道围绕这些人应该如何调整和运用？

原文：“夫仁人轻货，不可诱以利，可使出费；勇士轻难，不可惧以患，可使据危；智者达于数，明于理，不可欺以不诚，可示以道理，可使立功——是三才也。”

注译：仁人君子轻视财货，不可用利益诱惑他，却可以叫他出资和捐助财物；勇敢的人自然轻视危难，不可用祸患恐吓他，却可让他据于险危之地；智慧的人通达天道事理，不可用不诚信的言行来欺骗他，可向他讲明道理，使他有机会建立功业。这是三种不同类型的人才。

在这里，鬼谷子提出的“三才”包括仁人、勇士和智者。针对这三类人才的不同特点，我们可用不同谋略手段进行驾驭。

第一，针对仁人的权谋之法。这里的仁人不仅是指仁爱善良的人，而且是有气节有志向的人。仁人志士贫贱不能移、富贵不能淫、威武不能屈，具有君子之风。汉代文学家贾谊在《惜誓》中说：“悲仁人之尽节兮，反为小人之所贼。”这里的仁人就是有气节有操守之人。鬼谷子认为：“仁人轻货，不可诱以利。”就是说，这类人看轻财货金钱，不要单纯地用利益诱惑。正所谓“粪土当年万户侯”，功名利禄如不合乎志向，也将沦为粪土。怎么对待他们？给他们合乎追求和志向的主义和道路，让其出资和捐助财物，他们反而会乐此不疲和甘之若饴。

中华民族为什么伟大？就是因为有诸多仁人志士作为民族的精神和脊梁。如果干什么都首先考虑财货名利，那么这个民族还有什么前途呢？作为领导，我们也要认识到这一点——有些真正有追求的人才是无法用钱财和股权吸引的，你还需要在企业文化和价值观方面提升自己，用文化和道义的感召力来驾驭他们。

第二，针对勇士的权谋之法。“勇士轻难。”就是说，勇敢的人不怕危险、不怕困难，对待这些勇士，我们“不可惧于患”，不要和他说如果你不干了结果会多么可怕，这些祸患无法使他们畏惧，而要让他“据于危”，越是困难，遇到危险，勇士越愿意担当，因为那就是他的价值所在。

如果我们去陕西参观秦始皇陵兵马俑，就会看到在兵马俑的前排有一群战士，他们不穿铠甲、不戴头盔，袒胸露臂，一切都为了轻装上阵，便于奋勇杀敌。其实就是秦兵中的“敢死队”。为什么秦兵如此勇猛？敢死队无疑起到了重要作用。所谓敢死队，就是从队伍中特意选出来的不怕死勇士。他们不畏艰险，敢于冲锋陷阵，不达目的誓不罢休。在全局战斗中往往能够直抵敌人老巢，点中对方的死穴，从而反败为胜、出奇制胜，甚至赴汤滔火，甘愿送死当炮灰，为全局的胜利争取机会、创造条件。这些敢死队不是用金钱而是用主义、道义、大义、侠义、情义武装起来的。

我们的公司在遇到危难以及必须奋力开拓新市场的紧急关头，就需要勇士们来冲锋陷阵。如果你能在团队里打造一批不畏艰险、敢于冲杀打拼的敢死队，你的事业必将蒸蒸日上。

第三，针对智者的权谋之法。“智者达于数明于理”，智慧的人世事洞明、人情练达，对待他们“不可欺以不诚”，你不能欺骗他，因为你的花招很容易被他们看穿。怎么与他们交往？鬼谷子建议你要把自己的真诚拿出来，可以跟他们讲道理，“可使立功”，给他们提供一个建功立业的机会。越是胸藏谋略智慧，越是需要施展才华，实现平生抱负。这些人最怕的是什么？就是怀才不遇！所以你要给他们提供平台和空间，让他们尽情去施展。

在重用他们的时候，要付出真诚、待之以礼，不要将他们当作普通的下人对待。你看刘邦对待张良，一口一个先生，颇为尊重。周文王对待姜子牙，邀请他时斋戒三日，沐浴更衣，而且备上厚礼，是不是特别真诚和尊重？还有刘备对待诸葛亮，三顾茅庐，毕恭毕敬、恩宠备至。为什么他们这样做？因为他们都深谙统驭智者的谋略和方法。作为一家公司的负责人，如果你想让自己的团队内有智者如云，外有经天纬地之大才辅佐，就非常有必要认真学习鬼谷子这一谋略。要知道，能够统驭一般人不算本事，让智者诚服听命才是真功夫。

除了上面的“三才”，鬼谷子还总结出了“三不肖”。什么是不肖？即不正派、不成材之义。到底是哪“三不肖”呢？

原文：“故愚者易蔽也，不肖者易惧也，贪者易诱也。是因事而裁之。”

注译：愚蠢的人容易被蒙蔽，品行不端之辈容易被恐吓，贪婪的人容易被诱惑。这是因人因事而异，来裁决不同的待人处事处之法。

由此可见，这“三不肖”即愚蠢的人、品行不好的人、贪婪的人。真正的领导人物是待仁人君子有一套，对付小人也有独门杀手锏。对待这“三不肖”的不同短处，鬼谷子给出了相应的裁决之道。

第一，对待愚蠢之人用蒙蔽术。“愚者易蔽也。”这个人没有什么智慧，没有什么智谋，该怎么办呢？“易蔽”就是容易蒙蔽。不用跟他讲道理，哄着他干就行了。孔子说：“民可使由之，不可使知之。”国学大师钱穆先生对这句话的解释是：“在上者指导民众，有时只可使民众由我所指导而行，不可使民众尽知我所指导之用意所在。”在古代，由于老百姓智识浅薄，当政者只需让老百姓按照自己指引的道路走即可，没必要非要跟他们深入解释让他们知道这样做的目的。

在公司也是这样，高层对待基层员工，没必要告诉他们太高深的公司意图，只是让他们认真执行就可以了。不要让他们知道太多，他们知道越多心中的疑问就会越多，反而越不好管理，执行力越弱。所以，作为领导不能什么事情都对基层员工公开透明，该蒙蔽的时候就要蒙蔽。这是团队统驭的必备谋略。

第二，对待品行不端之人用恐吓术。品行不端、不成器之人具有损人利己的本性，他们一方面最害怕失去拥有的财货功名，另一方面由于坏事做得多了，必然会留下把柄被我们抓住。“不肖者易惧也。”这个时候，我们就能以此来恐吓他。如果不按照我们说的去做，他就会失去现在所拥有的东西。如果不按照我们说的去做，我们就会利用把柄揭发对方，让对方陷入万劫不复之境。这样一来，这类难以管教的小人就会俯首帖耳，乖乖听命于你的派遣。

李斯虽然是大秦丞相，但他的出发点并不那么纯粹，一切都是为混个出人头地。为达到这一目的，佛挡杀佛、鬼挡杀鬼，当韩非威胁到他地位的时候，就以诡计杀之。当秦始皇驾崩，赵高看清李斯人品不肖的本质，特意用大公子扶苏上台必用蒙恬这件事来恐吓他，结果一招制敌，让李斯乖乖听命于己，二人联手篡改诏书传位于胡亥。

这就是人性的弱点，聪明如李斯尚不能免，你说这一招灵不灵验？在商业领域，这类品行不端的小人比比皆是，相信每个人都遇到过。对付这类小人，我们不能总是头疼无奈，也可用鬼谷子提供的这一谋略来搞定。

第三，对待贪婪之人用利诱术。“贪者易诱也。”如果这人有贪心，容易被引诱，那么你用钱财名利去诱导，就会屡试不爽。

对待贪婪之人，你跟他们谈论仁义道德是没用的，除了财色名利，他们没什么崇高的人生追求。对付这些人就要直接，告诉他们按照自己说的去干会获得什么好处。

中国古代的说客，可以把活人说死、把死人说活，他们的秘密武器是什么？两大利器就是利诱和恐吓。苏秦、张仪、范雎、鲁仲连、郦食其、陆贾等纵横家特别擅用此道。

对于鬼谷子归纳总结的“三才”和“三不肖”，我们要根据对象的品行来制定决策，顺从对方的优点，利用对方的缺点，在不知不觉中抓住对方弱点来帮助自己制定策略。总之，我们不可生搬硬套，要因人因事而异，因为每个人的需求不一样，必须要一把钥匙开一把锁。这就是鬼谷子所谓的“因事而裁之”。

妙计产生的流程

到现在为止，国内很多搞策划、行销的人士，还处在感性阶段，拍拍脑门，计上心来。那应该叫点子大王，或创意不能叫策划。但是两千多年前，鬼谷子就为我们总结了一套非常好的产生妙计的流程，现在很多专业的策划部门都未必有这么完整科学的流程。

鬼谷子说：“故变生事，事生谋，谋生计，计生仪，仪生说，说生进，进生退，退生制；因以制于事，故百事一道，而百度一数也。”这段话是说：天下有变，产生问题，挑战来了。有挑战之后，得去想对策。这个对策，最开始可能只是个简单、模糊的想法，把这个想法归纳、总结一下，落实在文字上，变成计策。但是这个计策还不能拿出来用，因为没有经过实践，没有经过论证。所以要把计策拿出来让大家进行讨论，在讨论的过程中，大家可能会提出一些新的想法。然后把计策完善，拿出去试一试，试验到一定程度，再拿回来修正，完善它。完善以后它才会变成可实施的企划方案。这时把这个方案再拿出去用，就可以攻无不克，战无不胜。

在这个过程中，与哪些人商量，与哪些人合伙，这个产生谋略的团队，需要具备什么条件，都需要我们认真考虑。总的来说，需要四个条件。

第一，梯形年龄。梯形年龄的意思是老中青结合。既有青年人的激情，中年人的老成持重，又有老年人丰富的经验。

第二，知识互补。知识互补才能考虑周全。我在这方面懂，你在那方面懂。谈判的时候我懂得法律，你懂得税收，他懂得会计核算成本；或者这个人懂得法律的程序，那个人擅长作决策作战略，另外一个人擅长执行；等等。

第三，能力叠加。能叠加才能执行有力。我擅长战略，你擅长执行，我强于管理，你强于业务开拓，两人在一起，才是一个完美的组织。

第四，性格包容。如果别的方面都很好，但这几个谋划人无法相处。你说的他不同意，他说的你不同意，这样就麻烦了。性格包容告诉我们的道理是，既要有一些性格沉稳，往往深思熟虑，老成谋事的；也要有思维很活跃，不断有灵感火花出来的；既要有男士，也要有女士。对一件事情没有办法作决断的时候问一个男士，男士的果敢会帮你下决心。当你真正决定要做的时候问一个女士，女士的担心会让你考虑事情更周全。

所以谋略的产生是一个科学的过程，有科学的流程，而不是灵光闪现。

组织原则

计谋产生以后，要有严格的组织原则，不能泄露出去，否则计谋还没有实施，竞争对手就知道了，那等于白谋划。

组织原则是“公不如私，私不如结，结不如党”。私下里密谋，不如把所有的同谋者、利益关系者、利害关系者纠合在一起，一荣俱荣、一损俱损，成功了大家都会得益，失败了谁也脱不了干系。这样彼此之间才能同心同气、同心同德、合心合力，才能把事情做得很周全又不容易泄露。这是鬼谷子对组织原则的要求。

计谋设计出来之后，就要向别人献计谋。鬼谷子说：“为人凡谋有道，必得其所因，以求其情。”为别人谋划，得知道事情发展的规律、前因和后果，知道那人内心想要的是什么，“审得其情，乃立三仪”，知道了对方想要的是什么以后，定出三计。三计即上策、中策、下策。“参以立焉，以生奇”，参考这三个计策，就能谋划出奇计。为什么一定要定三个计谋？

第一，凡事讲三点，会给其他人思路很清晰、逻辑思维很强的感觉，或者是经过深思熟虑才想到了这样的计谋。大家会认为这样的计谋值得一听，甚至值得一试。

第二，凡事讲三点还有一个好处：比如今天你给领导提建议，如果只提一个建议，那么结果无非是两种，第一种是采纳你的建议，第二种是领导不采纳。但是如果采纳了你的建议，领导会认为他在听从于你，证明他这个领导无能。如果领导没有采纳你的建议，但是你又说得确实有道理，就像是拿着道理要挟领导同意也得同意，不同意也得同意。那在领导心目中留下的印象更不好。但是假如你给了领导三个方案，说方案 A 有什么好处，有什么缺点；方案 B 有什么好处，有什么缺点；方案 C 有什么好处，有什么缺点。给领导多重意见，让他去做选择题，让他进行决断。既让领导省了心，又给了他发挥聪明才智的机会。

在企业里，最糟糕的是只提问题不去解决问题的人。只提问题没有答案，这是在发牢骚，是在抱怨。所以大家一定要记得以下原则，可以马上解放领导，提高组织的工作效率：请示问题带答案，汇报工作说结果，总结工作按流程，回忆工作谈感受。

事莫难于必成：科学决策

有这样一个经典的笑话：嫂洗澡，弟误入。嫂斥道：你这样做对得起你哥吗？弟羞，欲走。嫂曰：你这样走对得起我吗？弟站住。嫂又言：你这样傻呆着对得起你自己吗？

MBA 管理点评：决策永远不可能让所有人满意！

同时这个笑话也说明了决策者真不容易。

谋略出来了，怎么拍板作决断。企业的兴衰成败，90% 取决于领导者的决策与用人，而领导者的决策和用人又取决于其格局和境界。所以领导者若不能不断地学习和突破，其本身就会成为组织发展的最大障碍！所以领导者要么不犯错误，一犯错误就是大错误。一般的员工犯了错误没关系，不会影响根本。但是领导者决断错误了，那可能全盘皆输了。叫“将失一令，兵败身死”，所以先生说：“非至圣人达奥，不能御世；不劳心苦思，不能原事；不悉心见情，不能成名。材质不惠，不能用兵。忠实无真，不能知人。”就是说如果不能通达深奥的人情事理，就不能治世。不劳心苦思，就不能明白事物的原理。不尽力发现实情，就不能树立声名。没有才能睿智，绝不能从事军事运筹。自己不真实诚信，就不能知人。

“谋，莫难于周密。说，莫难于悉听。事，莫难于必成。”

鬼谷子告诉我们“智用于众人所不能知，而能用于众人所不能见”，也就是说，聪明的人的智慧，用在别人看不到的地方，聪明的人的才能用在别人没有注意到的地方。

怎么作决策？“为人凡决物，必托于疑者”，凡是给人决断事情，一定要根据那人心里存在的疑虑。“用其善福，恶其患害”，人们都希望成功、都希望有福气、都希望得到自己想要的、都忌讳做错决策。那应该怎么做呢？原则就是“趋利避害”。因为“趋利避害”和“离苦得乐”是人之本性。

如果抉择的两个方面都有利或者是都有害的，在这种情况下，第一就要两利相权取其重，衡量这样做好处是什么，那样做好处是什么，哪一种做法好处大，拍板作决定。第二则要两害相权取其轻，如果两个都有害，那么想一想作哪一种抉择，让自己受到的危害是最小的。

但是一件事情在很多情况之下是利里包含着害，害里包含着利。一件事情能做，但在做的过程中困难重重。一件事情不能做，反而别人在做的过程中会发现机会。

所以要做好决策就必须有足够的资料作决策的参考，要获得足够的信息。

鬼谷子说："用之天下，必量天下而与之。用之国，必量国而与之。用之家，必量家而与之。用之身，必量身材能气势而与之。"

首先，你必须要有足够的资料，权衡利弊。比如古代说客在作决断的时候，要考量哪个国家强大，哪个国家弱小；哪个国家有什么特产，最缺乏什么；哪个国家地理位置易守难攻，哪些易于进攻；还要观察气候的变化，灾难是否频繁；君臣之间有没有矛盾，哪个臣子贤能，哪个臣子不肖；并要观察他们的外交关系，与哪个国家亲近，与哪个国家疏远；等等。

其次，要察言观色，获取实情。

再次，要拓展思维，用不同的方法来做。最好的策略是战而不争，惠而不费，要成功而不增加任何投入。那具体说来，应该怎样作决断？

作决断的五种方法

领导者之所以做事能成功，是得力于以下五种决断的方法：

第一，阳，德之者。就是说，对于光明正大、合乎道德规律的事，重在肯定、鼓励对方，用道德感化，就可以大张旗鼓地做。

鲁定公十年的春天，鲁国和齐国讲和。夏天的时候，鲁定公和齐景公在祝其会面，孔子当时担任傧相。犁弥对齐景公说："孔丘懂得礼仪，但是没有勇气，如果派莱人用武力劫持鲁侯，一定能够如愿。"齐景公听从了犁弥的话。孔子带着鲁定公往后退，并说："士兵们快拿起武器冲上去！两国国君友好会见，而华夏之地以外的夷人俘虏却用武力来捣乱，这不是齐国国君命令诸侯会合的本意。华夏以外的人不得图谋中原，夷人不得触犯盟会，武力不能逼迫友好。这样做对神灵是不吉祥的，对德行也是伤害，对人却是丧失礼仪，国君一定不会这样做。”齐景公听了这番话后，急忙叫莱人避开。

第二，阴，贼之者。就是说，对于有些事情并非理直气壮，有难言之隐，就暗中做手脚悄悄隐秘去进行，你来阴的我就以阴毒贼害来惩治。

东晋时，始兴太守徐道覆是卢循的姐夫，二人密谋起事，为建造船只，雇人在南康山伐木。为了防止事情外泄，说自己是木材商，并告诉当地的百姓：本想将木材运到京城，但财力不够，只好在本州贱价出售。当地百姓觉得有利可图，于是争相抢购，囤放家中。几次交易后，造船所需的船板已经足够。等到起事之时，徐道覆照当初买木材的订单到各民家搜购，于是十天之内就造好所需的船只。

第三，信，诚之者。对于有些事情要借助别人力量完成的，就可坦诚相交，用真诚和信义来感化。刘备桃园三结义就是此例。

第四，蔽，匿之者。对于有些问题，不宜公开，就连参与其事的某些人也不宜透露出去，这就要用隐瞒的手段去解决问题。对己方隐蔽的、大家没有看到的小事情，不扩散，小事化了。对对方的弱点或把柄，即使知道了也装着不知道，不要暴露自己对这件事情的看法。

故事

明朝时，一位御史得罪了一个属员，该属员怀恨在心，偷了御史的大印，御史怀疑是这位属员干的，但苦无证据，不敢张扬。后来一位朋友给他出招，制造了一场火灾，众人救火时，御史乘机就把空印盒交给所怀疑的那位属员保管，其他人都去救火，救完火回来看时，发现印盒中已有大印了。想一想这个隐匿术的奥妙何在？

第五，度以往事。平常容易出现的问题，就用以往的经验，按照既定的方略、既定的方案去作决断。对常识性的事，就以一般的常识原则来决策。

作决策的七大原则

第一，借鉴历史上发生过的同样的事情，鉴古知今。历史为什么总是惊人的相似，相似的地方其实就隐藏着规律。历史上发生过同样的事情就要参考同样的方法。

第二，如果一件事情能让企业、领导声名远扬，那么立刻就作决定。

第三，如果一件事情不需要花费太大的力气、不需要花费太多的钱就能成功，那么就立刻拍板作决定。

第四，虽然花费很多，但万不得已必须要这样做，不做不行，那么就立刻作决定。

第五，如果一件事情能够为公司消除隐患，那么就立刻作决定。

第六，为大众谋求幸福的事情，比如给公司员工作培训，既可以提高他们的赚钱能力，又能使人感到很幸福，就可以立刻作决定。

第七，如果一件事事关重大，那么公司领导就要慎重对待，征求多方意见，甚至是基层员工的意见，深思熟虑后再作决定。

领导成功管理的九大方略

作为一个领导者，应该遵循下面的九大方略，这九点都是经过千锤百炼总结出来的智慧成果，“顺之者昌，逆之者亡”，是管理的要领和诀窍。

方略一，领导风范与职业操守。

“主位术”说到君主要有淡泊宁静的心态和成竹在胸的王者风范，鬼谷子用四个字来证明：安、徐、正、静。

所谓“安”，即安详。安详与宽容结伴，与慈爱为伍。一个人能自以宁静的心境，从容地看云卷云舒，看花开花落，看世间人聚人散，这便是一种安详的修养了。

安详显示的是一种成熟。在经历了风雨和坎坷之后，为人处世有了万事随缘的感悟，不再如少年那般张狂，也不像青年那般浮躁，言谈文雅有序，举止从容不迫。能静下心来，客观地总结自己的成败荣辱，是非得失。唯有成熟的人生，才能沉静安详、高洁大气。

《三国演义》中写曹魏派司马懿挂帅进攻蜀汉街亭，诸葛亮派马谡驻守失败。司马懿率兵乘胜直逼西城，诸葛亮无兵迎敌，于是把城门打开，自己携着琴童在城墙上弹古琴。司马懿来到城门下面看诸葛亮在上面弹琴，神态自若、安之若素。用心去听，琴心也不乱，于是认为城中定有埋伏，就撤兵走了。如果在整个过程中，诸葛亮内心有一点紊乱，司马懿马上就会觉察。

如果一个领导者宽宏大量，安详从容，正直而沉静，与他打交道的人无不会因为他而受益，这就叫“天下无不肉”。“善与而不静，虚心平意，以待倾损”，很多人对这句话的理解是不一样的，有些人老是搅和、掺和，什么事情他都做，授权不彻底，而且没有大志，那就等死吧。还有一个版本，对它的翻译是这样的：善于亲近民众，有很强的亲和力。关心老百姓的疾苦，而组织还不够稳定，这时候领导者就要加强自己的修养，虚怀若谷，怀柔天下，以德服人，赢得大家的认同，避免意气用事，免遭颠覆。我个人比较倾向于后一种解释。

所谓“徐”，即从容。从容，即舒缓、平和、朴素、泰然、大度、恬淡之总和。从古至今，“徐”，对于大多数人而言，都是一种难得的境界和气度。从容，不仅反映了一个人的气度、修养、性格和行为方式，而且是一种符合人的生理、心理需要的，有节律的，和谐、健康、文明的精神状态和生活方式。

所谓“正”，即正直。正直，即公正坦率。“正身直行，众邪自息”，是讲为人正直，巍然屹立。正直，是中华民族的传统美德，是为人处世的珍贵品格。

所谓“静”，即沉静。沉静是一种高超的修养。拥有沉静修养的人甘于寂寞，不动声色；沉着自信，默默进取；与人无争，宽容忍让。

《大学》开篇即讲道："知止而后有定，定而后能静，静而后能安，安而后能虑，虑而后能得。"意思是说：能够知其所止，止于至善，然后意志才有定力；意志有了定力，心才能静下来，不会妄动；能做到心不妄动，才能安于处境随遇而安；能够随遇而安，才能处事精当思虑周详，才能得到至善的境界。

方略二，领导者要保持明察。

鬼谷子谈到了目贵明、耳贵聪、心贵智。"以天下之目视之，则无不见。以天下之耳听之，则无不闻。以天下之心虑之，则无不知。"一个领导者，不要闭塞视听。当你看不到听不到的时候，就失去了作决策的依据，容易犯错误。你应该让所有人的眼睛变成你的眼睛，他们看到什么事情都汇报给你，都跟你自己看到的一样。用天下之心体恤天下，就没有什么不知道的事情。这就告诉做领导的人，眼睛要亮，看得穿；耳朵要灵通，要听得真；心思要睿智，要想得透。站在别人的立场上看问题，考虑问题，解决问题，你就会有强大的向心力。

姜太公也说过："擅天下之利者则失天下。"自己把天下利益占尽了，能不失天下吗？天下为公，是姜太公最早提出来的。所谓以心换心，天下归心。领导者只是自己去听、去看、去思考还不够，还要员工一起帮他听，帮他看，帮他想，他才能成为做大事的人。

方略三，勿轻而许之，勿坚而拒之。

在听取下属建议进行决策的过程中，鬼谷子告诉我们两个原则：第一，勿轻而许之，第二，勿坚而拒之。

轻而许之，就是轻易地答应别人一件事情。有句老话叫“轻诺者，必寡信”。尤其做领导的人，不要轻易给大家许诺，领导很轻易地做许诺，又很轻率地把它忘掉了。员工却记得很清楚，如果不能兑现，那么员工就对领导丧失信心了。

勿坚而拒之，别人提到的建议和意见，不要马上断然拒绝。马上拒绝对方，让对方感觉你这个人刚愎自用，听不进去别人的建议。“高山仰之可极，深渊度之可测”，高山再高也可以达到，水再深也可以测量。如果一个人能听得进别人的话，能够采纳别人的建议，博采众长，那么是没有人知道你内心的深浅的。

方略四，赏罚分明。

鬼谷子告诉我们，“赏者贵信，用刑贵正”。赏给别人重在说到做到，处罚别人贵在公平合理。“必验耳目之所见闻”，对一个人是赏是罚，必须要调查清楚，做对了赏他，做错了罚他，要有事实依据。奖是遵循着人们追求快乐的原则，罚是人们忌讳恶、忌讳错的结果。“赏罚必信，如天如地，乃可御人。”奖罚分明的团队，是不可战胜的。

领导者的左膀右臂很重要。英者可以为相，雄者可以为将。雄才英才兼备者，可以为王。对一个领导者来说，英才不可少，他可以帮你出谋划策，定战略，定管理制度，定发展方向。雄才也不可少，有雄才大略的武将保家卫国，可以冲业绩。业绩对企业来说很重要，有业绩企业就能存活，没业绩企业就活不了。

吴王阖闾开疆辟土成为一霸，因为他文有文臣伍子胥，武有武将孙武。最初伍子胥把孙武推荐给吴王阖闾的时候，吴王阖闾并不相信孙武。

故事

孙子武者，齐人也。以《兵法》见于吴王阖庐。阖庐曰："子之十三篇，吾尽观之矣，可以小试勒兵呼？对曰"可。"阖庐曰："可试以妇人乎？"曰："可。"

孙子

于是许之，出宫中美女，得百八十人。孙子分为二队，以王之宠姬二人各为队长，皆令持戟。令之曰："汝知而心与左右手、背乎？"妇人曰："知之。"孙子曰："前，则视心；左，视左手；右，视右手；后，即视背。"妇人曰："诺。"约束既布，乃设铁钺，即三令五申之。于是鼓之右，妇人大笑。孙子曰："约束不明，申令不熟，将之罪也。"复三令五申而鼓之左，妇人复大笑。孙子曰："约束不明，申令不熟，将之罪也；既已明而不如法者，吏士之罪也。"乃欲斩左右队长。吴王从台上观，见且斩爱姬，大骇，趣使使下令曰："寡人已知将军能用兵矣。寡人非此二姬，食不甘味，愿勿斩也。"孙子曰："臣既已受命为将，将在军，君命有所不受。"遂斩队长二人以徇。

用其次为队长。于是复鼓之。妇人左右前后跪起皆中规矩绳墨，无敢出声。于是孙子使使报王曰："兵既整齐，王可试下观之，唯王所欲用之，虽赴水火犹可也。"吴王曰："将军罢休就舍，寡人不愿下观。"孙子曰："王徒好其言，不能用其实。"

于是阖闾知孙子能用兵，卒以为将。西破楚，入郢，北威齐、晋，显名诸侯，孙子与有力焉。

——《史记·孙子吴起列传》

吴王看过孙武的兵法著作后，觉得他理论上讲得头头是道，但不知带兵作战的实际本领如何，便提出要试试孙武操练军队的才能。孙武欣然同意，并表示训练男女都可以。吴王执意要看孙武训练妇人。于是唤出宫中美女，把她们引到吴宫后的园林中。孙武分宫女为两队，以吴王两个宠姬为队长。开始训练时，宫女嬉笑不听军令。孙武怒斩两个队长以严肃军纪。当再击鼓下令时，妇人的动作左右、前后、跪起，都符合规矩。众宫女认真听从指挥，练兵取得了成功。

孙武一开始就告诉两个队长如何做是正确的。所以要想把一个政策推行下去，首先要宣导到位，不教而诛是最大的错误。先进行岗前培训，告诉大家该怎么做，岗位要求是什么，然后再让他们去执行。

另外，孙武遇到问题时，没有推卸责任。“号令不熟，约束不明，我之过也。”做领导要有这样的胸怀，成功了是大家共同努力的结果，遇到问题了首先要反思自己的过失。比如司鼓的人敲鼓不响，他就亲自去做。推别人去做，别人不动的时候自己去做。如果依然没有效果怎么办？大王决定游戏到此结束。但是这时候收兵回营的话，就意味着孙武的许诺没有兑现，他在部队中可能再也建立不起来威信了。

政策出来了以后，要宣导教育，保证每个人对政策都非常了解，不知者不怪罪。如果大家都知道了，仍然做不到，那么就要进行惩罚。如果有人不按照规定去做，就等于他在向制度挑战。这个时候草草了事，制度就失去了权威性。这时候孙武坚决执行制度。是否坚决按制度执行，也面临着是忠于领导本人还是忠于领导事业的问题。若忠于领导本人，那就按照领导的个人意思来做，就是游戏到此结束；如果是忠于领导的事业，那就按照规章制度来执行。

这其中，吴王犯了一个很严重的错误，就是授权给下属以后，没有完全放权，还要再干涉。在领兵打仗的过程中，最容易出现的问题就是把事情交给下属做，领导还不放心，不断插手。领导要记住：放权要放得彻底，授权要授得彻底。

方略五，善于询问。

一个人不见得什么都知道，但一定要有学习的精神、受教的精神。《鬼谷子》说：“一曰天之，二曰地之，三曰人之；四方上下，左右前后，荧惑之处安在。有主问。”如果你能把前后左右的事情都了解了，你就不会有顾虑了。但是谁能把这些事情全都了解呢？鬼谷子说，不了解不要紧，最重要的是向那些了解的人去学习，不断地提升自己。

方略六，遵循事理。

该赏的赏，该罚的罚。该奖励的奖励，该晋升的晋升。“心为九窍之智，君为五官之长。为善者，君与之赏。”为团队做贡献了就要进行奖励。“为非者，君与之罚。”违背了团队的价值观就要受到惩罚。只有遵循了管理的基本原则，团队才能够长久。

方略七，使用时要周密，绝不要厚此薄彼。

管理团队最忌讳的是一碗水端不平，厚此薄彼，做事情不周密，考虑不周到，有遗漏。就像一个家庭，有两个孩子，父母过分疼哪一个，另一个都会不舒服。所以做事要公道，让每一个人都感觉到企业赏罚分明，是按照规矩执行的，而没有私利在内，企业员工才会合力、合拍，才会走到一起，才会有向心力。

方略八，洞察真相，掌握全局。

领导者要懂得望闻问切，看看大家的气色、精神风貌，听一听大家的心声，问一问大家哪方面需要帮助，然后及时解决问题。望闻问切，是为了洞察真相、掌控全局。领导不见得自己亲自去问，但要让下级主管不断跟员工去沟通，让他们遇到事情及时向自己反映，防微杜渐。所以领导考虑问题时是根据耳目所得到的信息为导向的，把自己的耳目延伸到最广最长的范围，延伸到组织的方方面面、角角落落，随时掌控团队的节奏，掌控每位员工的心态，然后才能够为团队的稳定发展做出正确的决策。

方略九，名副其实，名利兼收。

作为领导者，你既然把职位给了下属，让他做一个中层干部，那就要把权力也给他。就是说，把责任给下属的同时，也要把权力和利益给他。如果只给下属一个职位，但不给他涨工资，不给他相应的奖罚员工的权力、招聘辞退员工的权力，就让他带团队，那么他什么也做不了，根本没办法去统领团队。只有把名分、权力、利益都给他，才能做到名副其实、名正言顺，下属才会掏心掏肺地去为你工作。

第六章

鬼谷子绝学之用人智慧

驾驭人才需要从如何识人、观人开始。鬼谷子在《中经》中对人才的定义是："振穷趋急，施之能言厚德之人。"也就是说，要想成为人才，需要具备三个条件：一是当团队或者组织陷入困境的时候，能够使团队成员振作起来，能够立刻解决危机；二是能言善辩，擅长沟通，擅长激励别人，善于做思想工作；三是品德要高尚，能以德服人。

见形为容，象体为貌：以貌取人

本书最后要讲述领导者如何领导、驾驭人才。

驾驭人才需要从如何识人、观人开始。鬼谷子在《中经》中对人才做的定义是："振穷趋急，施之能言厚德之人。"也就是说，要想成为人才，需要具备三个条件。

第一，振穷趋急。当一个团队或者组织陷入困境的时候，这个人能够使团队成员振作起来。当一个团队出现危机的时候，这个人能立刻赶过去，马上解决危机。

第二，施之能言。这个人是一个能言善辩的人，擅长沟通，擅长激励别人，善于做思想工作。

第三，厚德之人。这个人品德要高尚，能以德服人。

"见形为容，象体为貌。"对于那些要重用的人，要善于根据他们的表情举止来推断他们的内心想法。另一方面，这句话也告诉我们，有些人是善于伪装、掩饰自己内心的，我们不要因对方伪装的外表，而影响正确的判断。

“有守之人，目不视非，耳不邪听”，也就是说，有道德操守的人，眼睛不看不该看的东西，耳朵不听不该听的东西。“言必《诗》《书》，行不僻淫，以道为形，以德为容，貌庄色温，不可象貌而得也。”有些人说话引经据典，很有学问，绝不做那些乖僻过分的事情。以道德作为举止的规范，表情端庄，脸色温和，不是仅靠外表就能了解他的真实内在的。就是说这些人内心很有修为，不是喜形于色的人——泰山崩于前而不惊，猛虎驱于后而不怕——一般很难从外表形态当中看到他们内心的变化。

不过，虽然有些人的外表可以欺骗人，但根据相貌识人的大体方略是不变的。因为一个人的修为，对待一件事情的看法、信念、价值观，会影响到他的面相。比如那些正直的人，说话直来直去，面相就会棱角很分明。下面就跟大家分享几种五官识人的方法。

第一，眉毛是保寿官。

从眉毛宽细、长短等，可以判断一个人寿命的长短和生命的品质。眉毛越长，人越长寿。眉首尾丰盈，比较宽，代表生命的品质和质量较好。

眉毛收紧不散，这样的人往往做事有计划，责任心很强。眼灵者，眼睛有神的人，主神藏而不露，这样的人有活力及洞察能力，是内心斗志强烈的反映，故眉眼相配者必然是智勇双全的人。企业里要是有这样的员工，绝对是个好员工。

眉丘丰满，这样的人学有专长，有很强的分析能力。

而眉毛稀疏的人，很可能做事缺乏耐性，有始无终。

第二，鼻子是财运官。

如果一个人的鼻子是鹰钩鼻，那么他有可能善于理财，但是常怀野心，注重个人利益。

鼻子大的人，过于主观、不容易接受别人的批评，很难改正缺点。这样的人适合做领导，不适合做员工。他太有主见了，别人提建议，他可能马上拍案而起，脾气暴躁，这样的人容易跟同事发生意见分歧而影响工作。

第三，嘴巴是出纳官。

口形不正，唇齿不盖，嘴唇盖不住牙齿。脖子长，嘴巴尖的人往往刻薄寡恩，典型代表是越王勾践。范蠡离开越国后给辅佐勾践的大夫文种写了封信，信上说："越王为人长颈鸟喙，可与共患难，不可与共乐。"就是说越王勾践这个人脖子长，嘴巴尖，是一个刻薄寡恩的人，只可与人共患难，等到享乐的时候就把别人给忘了。这种人如果是一个普通员工，常常口不择言，与别人发生口角之争，成为你的下属的话，会给你添很多麻烦。

第四，眼睛为才气官。

眼目上翻者，这样的人多才，但是很傲。多智而负气，目空四海，常常会嫉妒别人也招别人的嫉妒。

眼目下翻者，这样的人多阴毒，常怀嫉妒之心，不能容物，奸诈百出。

第五，耳朵为采听官。

耳部轮廓很分明，这样的人言行一致，有执行力，做事认真积极。

闻声和音：彼此协调

“闻声和音，谓声气不同，则恩爱不接……虽有美行盛誉，不可比目、合翼相须也。此乃气不合、音不调者也。”按字面意思来解释，是说听到对方的声音，就要用相同的声音去应和，感情才会沟通。

所以，领导和下属之间，也只有彼此的信念、价值观完全一样，大家的目标一致，才能够互相配合得很融洽，彼此之间像鱼和水一样。

解仇斗隙：善于表扬

“解仇斗郄，谓解羸微之仇。斗郄者，斗强也。”“解仇”是指，要调解弱小者之间的仇恨，让他们和解。“斗郄（隙）”是说要使有嫌隙的强大者之间互相竞争。如果一个员工能力很强，则要在众人面前表扬他、奖励他。在管理团队中，要不断地掀起内部竞争。对于那些超额完成任务的人，要高调地进行奖励。对于失败的人，“哀其负”，要让他因为竞争失败而感到悲哀，“伤其卑”，让他感到这次失败非常丢人。

这样做的结果是推崇那些积极向上的建功立业者，让强者保其位，让弱者奋起直追，要不断地随时比较，或者内部竞争。只要有竞争，大家就能把自身的潜能给发挥出来。

缀去：合理留住人才

如果对方是个人才，对团队建设有很大的帮助，那就想尽一切办法留住他。即便他走了，也要让他对自己的企业念念不忘。

怎样才能做到？首先，如果这个人忠贞诚信，要赞美他的美德，问他原先到公司的时候有什么抱负，都实现了没有。是不是真的愿意放弃原有目标。公司有哪些地方做得不到位，如果公司把这些不到位的方面都进行改善，他是不是还愿意留下来。

其次，如果对方还是要走，就跟他说，要是在那边干得不好，还可以回这里来，待遇什么的，一点都不少。

再次，进行对比，吸引他。比如告诉他另一个人的能力还没有他强，但是你准备把那个人放到一个比较高的职位，一年的收入是 ×× 元。如果他愿意留下来，你就承诺把什么岗位给他，让他去好好干。

公司里员工离职，是很正常的一件事。铁打的营盘，流水的兵。员工和老板之间是互相满足需要的，是双向选择的，谈不上忠和不忠的问题。但有的老板就对员工离职会大发雷霆，气得不得了，骂离职的员工忘恩负义，跟这个员工变成仇人，最后一个月工资都不发给他。当然现在有相关的法律法规，离职要根据法律法规来办。

但是，大家扪心自问，对于离开公司的员工，作为老板的你，是让所有离开公司的员工都感念你的好，都说原来公司多么的棒？还是让离职的员工骂这个公司，骂你这个老板？当然是前者了，但是很多老板不明白这个道理。开大会说离职员工的不是，反倒给自己树个敌人。与其这样，倒不如给离职员工多发一个月的工资，到外边找工作不太容易，在新单位干不好他可以再回来。这个员工心里会怎么想？即使他不回来，遇到了同样的业务，他也会推荐给你，也会在别人面前说你的好。这样就是在给公司、给你个人树立口碑。如果和员工变成了仇人，他再把公司的客户资料带走，变成你的竞争对手，那不是得不偿失吗？

所以，“缀去”是鬼谷子教育人才、驾驭人才的一个非常重要的方法。最好的“缀去”是用名和利：在你这里得到的利益是在别人那里得不到的，你给的平台是别的地方没有的，你能给的名誉地位也是别人给不了的……

就像《西游记》中的“取经四人组”唐僧、孙悟空、猪八戒和沙和尚，孙悟空可以说是四个人里面业务能力最强的。怕他走，怕他不好控制，给他戴上一个紧箍咒——签合同用法律约束他；还要给他名誉——让他做大师兄；等等。

却语：适当要挟

跟对方沟通时，抓着对方的把柄，抓着他的短处，然后告诉他，他有把柄在你的手里。

但是，不要拿着他的把柄去要挟他，而是告诉他这件事情只有你知道，你坚决不跟别人说，让他安心。

故事

明朝有一个大学问家叫王阳明，是知行合一理论的开创者。有两个奸臣一直想方设法想陷害他。有一天，皇帝派了一个太监到南方去宣读圣旨，王阳明把这个太监请到一个酒楼吃饭，上到酒楼二层，他就让下人把楼梯抽掉了。王阳明从包里拿出来几封信。这几封信是这个太监写给朱宸濠的，朱宸濠反叛朝廷，王阳明把叛军平定以后，发现了这几封信。太监面如土色，跪倒在地，请王阳明饶他一命。

王阳明

王阳明说："你看，下边的楼梯已经撤掉了，除了我们俩，没有人知道这回事。"然后当着太监的面，把几封信给烧掉了。

从此以后，朝廷当中不管发生什么样的事情，这个太监都用最快的速度通知王阳明，告诉王阳明要做好准备。因为有这个太监做内应，那两个奸臣一直苦无良策，无法陷害王阳明。

了解对方的禁忌，掌握对方的把柄，通过把柄来控制对方。但如果拿着把柄不给对方，对方就会睡不着觉，甚至会想办法把你干掉。所以了解到对方的弱点之后，就把证据毁掉，保证不让别人知道。这既掌握了对方的把柄，又会让对方义无反顾地为你做事情。

摄心：收拢人心

摄心，可以理解为收拢人心。怎样才能收拢人心？《鬼谷子》中说道：“谓逢好学伎术者，则为之称远；方验之，惊以奇怪，人系其心于己。效之于人，验去乱其前，吾归诚于己。”

假如一个员工有好的学问、好的技能，作为领导的你，要不断在公众面前称赞、推崇他的好学问、好技能，不断为他扬名，大张旗鼓去宣传，把他的心收过来。其实部下有能力有名气，领导也有光彩。了解对方的特长，让对方发挥特长，并且称赞他、推崇他，对方就会发奋进步，同时衷心地感谢领导的奖励，自然衷心拥护领导者。

守义：统一价值观

守义是用使命、责任、正义、道义、主义、价值、远景去吸引员工，告诉员工做这件事情不只是为了自己赚钱，同时也在为社会做贡献，让员工感觉到做这样的工作是一种荣耀。

老板一定要用美好的理想、价值远景和高尚的价值观去感召员工，帮员工找到工作的意义，找到工作的价值。让员工为能从事这项工作感到自豪、骄傲，有一种职业的荣誉感。然后迎合人心，使员工愿意跟随老板不断前进。

人们会追随一个伟大的计划、一个伟大的梦想，所以要团结人们成为巨大的力量，也非有此手笔不可。

宋江把杀人越货的行当也变成正当的理由是：财是大众的，替天行道、劫富济贫。所以领导者在召集人才、团结人才、驾驭人才、维护人才的手段和技巧方面，都要从情、从理，以和谐为本，以恩德为用，让人感怀，感谢怀德，让人发自内心地钦佩服从。

附　录

《鬼谷子》原文及译文

上卷 内炼

内圣而后外王。鹰立如睡，虎行似病，正是它捕鸟噬人的法术。故君子要内敛内坚，才华不逞，才有任重道远的担当！良贾守之以谦、深藏若虚；君子温润如玉、容貌若愚。人要有猛虎伏林，蛟龙沉潭那样的伸屈变化之胸怀，让人难以预测，而自己则在此间从容行事。内炼、包藏、稳健、安祥、从容、沉静！《鬼谷子》上卷四篇专论内炼之道，习之可修、齐、治、平。

第一篇　持　枢

天地之间，万事万物内涵机理，依理遵循，则行事顺当。反之，若行事失理，结果必然事与愿违。知天道，方能断可否；了人道，才可决进退。因此要顺天应人、持经达变。修道就是遵循大道，了解规律，把握趋势，并行不悖，坚守原则。天人合一是为真人。

持　枢

【原文】

持枢①，谓春生、夏长、秋收、冬藏，天之正也②。

【注释】

①持枢：持，手拿；枢，是门扉的转轴，主管门的开关，引申为事物的纲领或关键。抓住关键。

②天之正也：天道运行的规则。正：政也。也是人君应该遵循的治国理政的关键。陶弘景注："言春夏秋冬四时运行，不为而自然也，不为而自然，所以为正也。"正，政。《论语·颜渊》："政者，正也。子帅以正，孰敢不正？"

【译文】

所谓持枢，即抓住关键，就是说春天播种，夏天生长，秋天收获，冬天储藏，这是四时运行的自然法则。

【原文】

不可干而逆之。逆之者，虽成必败①。

【注释】

①干，就是干预；逆，反向，就是违背和抵触。陶弘景注："言理所必有物之自然，静而顺之，则四时行焉，万物生焉。若乃干其时令，逆其气候，成者犹败，况未成者乎？元亮曰："含气之类，顺之必悦，逆之必怒，况天为万物之尊而逆之乎？"

【译文】

不可干预和违背自然规律。违背自然规律，事情即便偶尔成功了，终归也会失败。

【原文】

故人君亦有天枢，生、养、成、藏①，亦复不可干而逆之，逆之者，虽盛必衰。此天道，人君之大纲也②。

【注释】

①生、养、成、藏：指生聚、养育、成熟、储备。故人君亦有天枢，人君之天枢亦当须遵循这个天道规律。陶弘景注："言人君法天以运动，故曰亦有天枢。然其生养成藏，天道之行也。人事之正，亦复不别耳。"

②"亦复不可干而逆之"：生、养、成、藏，乃为人君之大纲，也不可违背之。陶弘景注："言干天之行，逆人之正，所谓倒置之。故曰逆非衰而何。此持枢之术，恨太简促，畅理不尽，或简篇脱烂，本不能全故也。"

【译文】

所以人君为政治国也有关键，就是顺应自然规律，生聚、养育、成熟、储备，是不可违背的，违背自然规律，即使一时强盛最终必然走向衰败。这就是天道，是作为国君的根本纲领。

第二篇　本经阴符七术

古之欲明明德于天下者，先治其国；欲治其国者，先齐其家；欲齐其家者，先修其身；欲修其身者，先正其心；欲正其心者，先诚其意；欲诚其意者，先致其知；致知在格物。物格而后知至；知至而后意诚；意诚而后心正；心正而后身修；身修而后家齐；家齐而后国治；国治而后天下平。

术一、盛神法五龙

炼精以化气，炼气以化神，三宝若通而超凡入圣；德养五气，威势存而舍之，归与身而合道成真。

【原文】

盛神法五龙①。

【注释】

①盛神：盛，是使动用法，"使……旺盛"之义，盛神就是"使精神饱满旺盛"的意思。法：效法、模仿。陶弘景注："五龙，五行之龙也。龙则变化无穷，神则阴阳不测。故盛神之道法五龙也。"

【译文】

要使精神旺盛充沛，效法五龙。

【原文】

盛神中有五气，神为之长，心为之舍，德为之人；养神之所，归诸道①。

【注释】

①五气：五脏的精气。指心、肝、脾、肺、肾等五脏之气，即神、魂、意、魄、志。五脏之气，也是五行之气的体现。长：首长，主宰者。舍：居所。德为之人："人"字是"大"字之误。"德为之大"，就是有道德可以使精神壮大。诸：之于。陶弘景注："五气，五脏之气也，谓神、魂、魄、精、志也。神居四者之中，故为之长；心能舍容，故为之舍；德能制邪，敦为之人；然养事之宜，归之于道。"

【译文】

旺盛的精神中包含着五脏的精气，神是五脏精气的君主，心是神的居所。只有道德才能使精神伟大，养神的办法是让心与大道合一。

【原文】

道者，天地之始，一其纪也①。

【注释】

①道：道家认为“道”是世界的本源与规律。一：此指古人的哲学概念，为万物之源。道家认为，一是由“道”产生的原始混沌之气。纪：丝的头绪，开端。《道德经》：“道生一，一生二,二生三,三生万物。”陶弘景注：“无名，天地之始，故曰道者天地之始。道始所生者一，故曰一其纪也。”

【译文】

道是天地的开始，道产生一,一是万物的开端。

【原文】

物之所造，天之所生,包宏①，无形化气，先天地而成，莫见其形，莫知其名，谓之神灵②。

【注释】

①包宏：包容。②神灵：指产生天地与万物、包容弘厚、无形化气的“道”。陶弘景注：“言天道混成，阴阳陶铸，万物以之造化，天地以之生成，包容弘厚，莫见其形。至于化育之气，乃先天地而成，不可以状貌诘，不可以名字寻，妙万物而为言者也。是以谓之神灵。”

【译文】

万物的创造，天地的产生，都是从道而衍生的。道包容着多种无形的化育万物之气，在天地生成之前便形成了。无法看到其形状，无法知道它的名称，于是就叫它作“神灵”。

【原文】

故道者，神明之源，一其化端。是以德养五气，心能得一，乃有其术[①]。

【注释】

①德养五气：用道德涵养五气。术：术数，道术，即根据道而采用的方法。陶弘景注："神明禀道而生，故曰道者神明之源也。化端不一，有时不化，故曰一其化端也。循理有成，谓之德。五气各有循理，则成功可致，故曰德养五气也。一者，无为而自然者也。心能无为，其术自生，故曰心能得一乃有其术也。"

【译文】

所以说，道是神明的本源，一是变化的开端。因此，人们只有用道德涵养五气，心里能守住一，才能产生神明的方法。

【原文】

术者，心气之道所由舍者，神乃为之使[①]。

【注释】

①心气之道：心气的活动规律。所由舍：从所居处。使，使者。陶弘景注："心气合自然之道，乃能生术；术之有道由舍，则神乃为之使。"

【译文】

术是根据道而产生的策略和方法，是心气按照自身规律活动的结果。精神是道术的使者。

【原文】

九窍、十二舍者，气之门户，心之总摄也[①]。

【注释】

①九窍：双眼、双耳、双鼻孔、口、前后阴。十二舍：十二脏腑，包括五脏即心、肝、脾、肺、肾；六腑：胆、膻中、胃、大（小）肠、三焦、膀胱。陶弘景注：“十二者，谓目见色、耳闻声、鼻受香、口知睬、身觉触、意思事，根境互相停舍，故曰十二舍也。气候由之出入，故日气之门户也。唯心之所操秉，故日心之总摄也。”

【译文】

人体的九窍、十二脏腑，都是气进出的门户，都由心所统领。

【原文】

生受于天，谓之真人；真人者，与天为一而知之者①。

【注释】

①生：通“性”。真人：道家称存养本性修真得道的人。《文子》：得天地之道者为真人。《淮南子·本经训》：“莫生莫死，莫虚莫盈，是谓真人。”知之：即得道。陶弘景注：“凡此皆受之于天，不亏其素，故曰真人。真人者，体同于天，故曰与天为一也。”

【译文】

本性由上天直接授予的人，叫作真人。所谓真人是与天地自然融为一体而知道得道的人。

【原文】

内修炼而知之，谓之圣人；圣人者，以类知之①。

【注释】

①内修炼：即自我修炼。以类知之：以一般知通性，触类旁通。陶弘景注："内修炼，谓假学而知之也。然圣人虽圣，犹假学而知，假学即非自然，故曰以类知之也。"

【译文】

通过修身养性、假以学习而得道的人，叫作圣人。圣人是通过学习研究、触类旁通而知道的。

【原文】

故人与生一，出于化物①。知类在窍②。

【注释】

①人与生一：意谓人生在天地之间，最初的天性是一样的。出于化物：意谓出生之后随事物、环境不同而改变。陶弘景注："言人相与生在天地之间，其得一也。既出之后，随物而化，故有不同也。

②知类在窍：通过感官了解事物。类：事类，事物。陶弘景注："窍，孔窍也。言知之事类，在于九窍。"

【译文】

所以人从一而生，内在本性是一样的，但出生之后随事物、环境不同而各自改变，即因积习不同而显得性格各异。人类认识各类事物，都是通过九窍。

【原文】

有所疑惑，通于心术；术必有不通①。

【注释】

①通于心术：通过心的思考而运用道术判断。术必有不

通：根据上下文及陶弘景注释，应该是“心无其术，必有不通”。陶弘景注：“然穷之所疑，必与术相通。若乃心无其术，必不通也。”

【译文】

如果有疑惑不解的地方，要通过心的思考而运用适宜的方法来判断；如果没有适宜的方法，必然不会通达。

【原文】

其通也，五气得养，务在舍神，此谓之化①。

【注释】

①舍：安置住宿。舍神：使神得其所，集中精神、专心专一。陶弘景注：“心术能通，五气自养。故养五气者，务令来归舍。神既来舍，自然随理而化也。”

【译文】

心术通达之后，五脏精气得到涵养，这时要努力使心神合一，精神集中。这便叫作“通神而化”。

【原文】

化有五气者，志也、思也、神也、德也；神其一长也①。

【注释】

①化：外在事物通过九窍的感知和心术的加工，使自己通神而升华了，这叫作“化”。化有五气：由五气化育而出。神其一长：精神是其领导。陶弘景注：“言能化者，在于全五气。神其一长者，言能齐一志思而君长之。”

【译文】

五脏精气达到了通神而化的境界，便产生宏大的志向、清澈的思想、旺盛的精神、高尚的道德，精神是统一管理这四者的首领。

【原文】

静和者，养气。养气得其和，四者不衰，四边威势，无不为，存而舍之，是谓神化归于身，谓之真人①。

【注释】

①静和：静心平和。四边威势：指志、思、神、德四方面能量的外在表现。存而舍之：吸收与储存。陶弘景注："神既一长，故能静和而养气；气既养，德必和焉。四者，志、思、神、德也。四者能不衰，则四边威势力无有不为常存而舍之，则神道变化自归于身。神化归身，可谓真人。"

【译文】

静心平和才能养气，通过养气才能使五气处于中和的状态，则志、思、神、德就不会衰落，四边威势发挥出来便能无所不为。如能将此威势存藏于内心，这便叫作达到了神化的境界，这种人便叫真人。

【原文】

真人者，同天而合道，执一而养产万类，怀天心，施德养，无为以包志虑思意，而行威势者也①。

【注释】

①同天合道：跟天同体、与道合一。执一：即坚守自然规律。《道德经》："圣人执一，以为天下牧"。陶弘景注："一者，无为也。言真人养产万类，怀抱天心，施德养育，皆以无为为之。故曰执一而产养万类。至于志意、思虑、运行威

势，莫非自然循理而动、故曰无为以包也。”

【译文】

真人能与天同体、与道合一，能够坚守“一”即把握自然之道，以此养育万物，怀着上天自然之心，施行恩德，用无为的思想指导意志、思虑，而自然能使威势远播。

【原文】

士者通达之，神盛，乃能养志①。

【注释】

①士者：指纵横策士。陶弘景注：“然通达此道，其唯善为士乎？既能盛神，然后乃可养志。”

【译文】

纵横策士通晓了这一点，精神旺盛充沛，才能培养高远宏大的志向。

术二、养志法灵龟

人各有命，源自人各有志。志是欲之使，欲望太多，就会导致心力分散、意志消沉；如果能做到心神合一，欲望就无机可乘，没有了欲望，就会心力集中、意志坚强。因此，我们要做到对内养气，对外明察各种人物，修身养性。

【原文】

养志法灵龟①。养志者，心气之思不达也②。

【注释】

①养志：培养意志、志向。灵龟，《礼记·礼运》：麟、凤、龟、龙谓之四灵，古人认为乌龟长寿而灵验，能预知吉凶。也有静心养气的性格。故称龟为“灵龟”。陶弘景注：“志者察是非，龟者知吉凶，故日养志法灵龟。”

②心气：心的思维活动。达：流畅通达。陶弘景注：“言以心气不达，故须养志以求通也。”

【译文】

培养强大的意志要效法灵龟。之所以需要培养意志，是因为如果不培养意志，心神思虑便不能畅达。

【原文】

有所欲，志存而思之。志者，欲之使也。欲多则心散，心散则志衰，志衰则思不达也①。

【注释】

①志者，欲之使也：志向是一个人欲望的代表。心散：心神散乱。陶弘景注：“此明纵欲者不能养气志，故所思不达者也。”

【译文】

如果有了某种欲望，放在心里念念不忘，那么，志向便被欲望驱使。如果一个人的欲望太多，就会使得心神散乱。心神散乱，就会使得意志衰弱，意志衰弱，就会使得思想不清楚、畅达。

【原文】

故心气一，则欲不徨；欲不徨，则志意不衰；志意不衰，则思理达矣[①]。理达则和通，和通则乱气不烦于胸中[②]。

【注释】

①徨：彷徨。走来走去，犹豫不决，不知到什么地方去。陶弘景注："此明寡欲者能养志，故思理达矣。"

②和通：和平畅通。气：人体内能使各个器官正常发挥机能的原动力。陶弘景注："和通则莫不调畅，故乱气自消。"

【译文】

心神专一，欲念就不彷徨，意志就不会衰退动摇。意志坚强，就能明达事理。事理明达，思维就会通达流畅，乱气杂念就不会搅乱于胸中。

【原文】

故内以养志，外以知人。养志则心通矣，知人则分职明矣[①]。

【注释】

①知人：认识人、了解人。分职：职责、职分。陶弘景注："心通则一身奉，职明则天下平。"

【译文】

因此，对内要培养志气，对外要了解他人。培养志气心气就会畅通无碍，了解他人就会职责明确清晰。

【原文】

将欲用之于人，必先知其养气志。知人气盛衰，而养其志气，察其所安，以知其所能[①]。

【注释】

①所安：对方心思所在的地方。所能：所能做的事情，即才能。陶弘景注："讲欲用之于人，谓以养志之术用人也。养志则气盛，不养则气衰。盛衰既形，则其所安、所能可知矣。然则善于养志者，其唯寡欲乎！"

【译文】

如果想要把培养心志之术用于人（识人用人），就必须先要知道他是如何培养志气的。知道了别人的志气的盛衰情况，然后培养他的志气，观察别人心思所在、志趣所向，从而了解他的才能如何。

【原文】

志不养，则心气不固；心气不固，则思虑不达；思虑不达，则志意不实；志意不实，则应对不猛；应对不猛，则志失而心气虚；志失而心气虚，则丧其神矣①。

【注释】

①固：坚决地，坚定地。实：坚实，坚强。应对：应答、对付。猛：迅猛，敏捷。陶弘景注："此明丧神始于志不养也。"

【译文】

如果志气得不到培养，那么心气就不坚固；心气不坚固，思路便不通达；思路不通达，意志便不坚实；意志不坚实，应对能力就不迅猛；应对能力不迅猛，就会意志丧失和心气衰弱。意志丧失和心气衰弱，说明他的精神颓丧了。

【原文】

神丧，则仿佛；仿佛，则参会不一[①]。

【注释】

①仿佛：神志不清，精力不集中。参会：志向、思维、精神三者交会。陶弘景注："仿佛，不精明之貌。参会：谓志、心、神三者之交会也。神不精明，则多违错。故参会不得其一。"

【译文】

精神颓丧，便会神志不清；神志不清，志向、心思、精神三者就不能集中、交会在一起。

【原文】

养志之始，务在安己；己安，则志意实坚；志意实坚，则威势不分，神明常固守，乃能分之[①]。

【注释】

①安己：使自己安定下来。分之：散发威势，陶弘景注："安者，谓少欲而心安也。威势既不分散，神明常来固守，如此则威精分势震动物也。上分。谓散亡也；下分，谓我有其威而能动彼，故曰乃能分也。"

【译文】

由此可见，培养志向的第一步必须使自己安定下来；自己安定了，志意便会充实坚定；志意坚定了，威势就不会分散。让神明常驻心中，才能散发自己的威势。

术三、实意法螣蛇

只有意志、思虑安定，才能使心境保持安详；心境安详则精神愉快，精神愉快则精力集中，这样就可避免差错的出现。“心安静则神明荣，虑深远则计谋成”安心是静心的前提，只有静心，才能使人体五脏六腑内的环境得以有序地进行自我调节，实现和谐与平衡，这样，人的精、气、神才能得到滋补与营养，达到精力充沛、充实思想、精密审虑和心神旺盛的境地。

【原文】

实意法螣蛇①。实意者，气之虑也②。

【注释】

①实：充实。意：意藏在脾内，是脾脏之气，是脾脏的精神状态。主思虑。实意：指脾之气充沛而思虑精确。螣蛇：传说中一种灵蛇，能腾云驾雾，于云中飞舞。《尔雅》郭璞注：“龙类，能兴云雾而游其中也。”本书《反应》篇：“符应不失，如螣蛇之所指。”陶弘景注：“意委曲，蛇能屈伸，故实意法螣蛇也。”

②气：气机。气之虑：这里指脾的气机，思维、谋虑活动。陶弘景注：“意实则气平，气平则虑审，故日实意者气之虑也。”

【译文】

若要内心充实、精密思虑，必须效法螣蛇。内心充实精密思虑，是脾脏之气的思维活动。

【原文】

心欲安静，虑欲深远。心安静则神明荣，虑深远则计谋成。神明荣则志不可乱，计谋成则功不可间①。

【注释】

①荣：繁茂，旺盛。神明荣：精神旺盛充沛。间：离间。陶弘景注："智不可乱，故能成其计谋；功不可间，故能宁其邦国。"

【译文】

心要安静平和，思虑要深邃长远。心一安静，精神便会旺盛充沛；思考一深远，好的计谋便产生了。精神旺盛充沛，心志就不会紊乱；好的计谋产生了，所谋之事的成功便不可阻挡。

【原文】

意虑定则心遂安，心遂安则所行不错，神自得矣，神得则凝①。

【注释】

①遂：顺遂，如意。错：差错。神自得：指神归其舍，即心神合一。凝：精神集中。陶弘景注："心安则物无为而理顺，不思而玄览。故虽心之所不错，神自得之，得之则无不成矣。凝者，成也。"

【译文】

意志思虑安定，心境便会顺遂安静；心境顺遂安静，他的所行不会有差错。神气自得，神气自得便会精神集中。

【原文】

识气寄，奸邪得而倚之，诈谋得而惑之，言无由心矣①。

【注释】

①识气：智识，心气。寄：寄托，依附。识气寄：心思游离不定。得：（借此）可以，能够。倚：凭借。言无由心：未经思考脱口而出。陶弘景注：“客，谓客寄。言识气非真，但客寄耳，故奸邪得而倚之，诈谋得而惑之。如此则言皆胸臆，无复由心也。”

【译文】

如果心思游离不定，奸邪就会乘虚而入，欺诈阴谋也就会乘机迷惑人心，于是说出话来便不会经过心的仔细思考。

【原文】

故信心术、守真一而不化，待人意虑之交会，听之候之也①。

【注释】

①信：信守。信心术：信守心气的运行规律，使之澄清明朗。真一：道体，原则。化：变化，改变。意虑之交会：“虑”是思索，“意”是运化、联想，由此及彼，所以说“意虑之交会”。即意念、思虑相互交感、互动。陶弘景注：“言心术诚明而不亏，真一守同而不化，然后待人接物，彼必输诚尽意。智者虑能，明者献策二下同心，故能交会也。用天下之耳听，故物候可知矣。”

【译文】

所以，要信守心气的运行规律，使之澄清明朗，要守住真气而不使之外流，坚守专一之道而不改变，安神静心，待人精力高度集中，“意”与“虑”之间产生了相互交感互动的“实意”状态，做到了这一步就可以认真去听，获取实情，静待时机，而从容应对。

【原文】

计谋者，存亡之枢机①。

【注释】

①枢机：关键。陶弘景注：“计得则存，计失则亡。故曰计谋者存亡之枢机。”

【译文】

计谋策略是关系国家存亡成败的关键。

【原文】

虑不会，则听不审矣①；候之不得，计谋失矣。则意无所信②，虚而无实。

【注释】

①审：详备。

②信，确信、确实。陶弘景注：“虑不合物，则听者不为己听，故听不审著，候岂得哉？乖候而谋，非失而何？计既失矣，意何所恃？惟有虚伪，无复诚实。故计谋之虑，务在实意。实意必从心始，故曰必在心术始也。”根据注解，正文最后应该脱落了“故计谋之虑务在实意，实意必在心术始”。

【译文】

如果意念与思虑不能协作互动，相互交感，听到的情况便不详细；期待的时机就抓不到，计谋就会发生失误。那么，意志上就不确信，意念也就变得空虚而不实了。（所以在计谋的开始，务必要做到实意）。

【原文】

无为而求。安静五脏，和通六腑，精神、魂魄固守不动[①]，乃能内视、反听、定志，思之太虚，待神往来。[②]

【注释】

①五脏：心、肝、脾、肺、肾。六腑：胃、胆、小肠、大肠、膀胱、三焦。精神：精藏在肾里，肾的神明为志。神藏在心里，心的神明为神。魂魄：魂藏在肝里，主谋虑，魄藏在肺里，即魄力。

②内视反听：道家修炼的一种境界。通过内省，不用眼睛和耳朵即可观察体会自身和外在事物的变化。思之太虚：指头脑达到老子所言的“致虚极、守静笃”的毫无杂念的虚空境界。陶弘景注：“言欲求安心之道，必寂澹无为。如此则五脏安静，六腑通畅，精神魂魄各司其守，澹然不动。则可以内视无形，反听无声，志虑定，太虚至，神明千万往来归于已也。”

【译文】

实意也必须从静心之术开始。静心之术就是：本着无为之道，安静五脏，让六腑之内的和气运行通畅，精神魂魄固守不动，便可以用心去视，用心去听，感知洞察外在一切事物。这样便可以凝神定志，使头脑达到毫无杂念的虚空境界。等待神明往来。

【原文】

以观天地开辟，知万物所造化，见阴阳之终始，原人事

之政理[①]。不出户而知天下，不窥牖而见天道。不见而命，不行而至。是谓"道知"[②]。

【注释】

①万物所造化：造化万物的根本与规律。原：推究。政理：为政理民的道理。

②牖：窗户。不见而命：不用亲自看到事物就可以做出判断。道知：凭借"道"来了解一切事物。《道德经》："不出户，知天下。不窥牖，见天道。其出弥远，其知弥少。"陶弘景注："唯神寂然不动，感而遂通天下之故，能知于不知，见于不见。岂待出户牖窥之然后知觅哉？固以不见而命、不行而至也。"

【译文】

达到这种境界就可以观察天地的开辟，了解造化万物的规律。发现阴阳变化的消长，探讨出治国平天下的道理。这便叫作足不出户而知天下，不把头探出窗外便可了解自然界的变化规律；没有见到事物便可作出判断，不需身临其境而心就能到。这便叫作"道知"。

【原文】

以通神明，应于无方，而神宿矣[①]。

【注释】

①无方：没有极限。陶弘景注："道，无思也，无为也。然则，道知者岂用知而知哉？以其无知，故能通神明，应于无方，而神来舍。宿，犹舍也。"

【译文】

就可以通达神明，可以应对万事万物，就能使神明长驻心中。

术四、分威法伏熊

威要外分，先要内盛，“分威”乃先伏后击，一击而成的行事法则。分威的本质在于强调“不鸣则已，一鸣惊人”的效果，关键在于要积蓄优势，善于运用优势，并且善于装傻示弱、藏拙内敛，等待良机。

【原文】

分威法伏熊①。分威者，神之覆也②。

【注释】

①分威：发挥自己的威势。法：效法。伏熊：意谓要想发挥威势和影响力，应该像准备出击的熊，必须俟隙而动，待机而入。陶弘景注：“精虚动物，谓之威；发近震远，谓之分。熊之搏击，必先伏而后动，故分威法伏熊。”

②覆：覆盖，笼罩。威力在旺盛的精神笼罩之下就可以充分发挥。陶弘景注：“覆，犹衣被也。神明衣被，然后其职可分也。”

【译文】

发挥自己的威势，必先积蓄威势，要效法准备出击的熊，先伏后击。若要发挥威势，必先有旺盛的精神笼罩，即要涵养、充沛精神。

【原文】

故静固志意，神归其舍，则威覆盛矣①。

【注释】

①静固志意：使自己思虑镇静、志向坚固。神归其舍：使神气凝聚在心中。舍：房屋，指居住之地。陶弘景注："言致神之道，必须静意固志，自归其舍，则神之威覆隆盛矣。舍者，志意之宅也。"

【译文】

所以，一个人如果能做到思虑镇静、志向坚固，心神合一，威力才能盛大。

【原文】

威覆盛，则内实坚；内实坚，则莫当；莫当，则能以分人之威而动，其势如其天①。

【注释】

①内：内心。坚实：坚定而充实。莫当：势不可挡。如其天：如同天威。陶弘景注："外威既盛，则内志坚实，表里相副，谁敢当之？物不能当之，（物不能当），则我之威分矣。威分动物，则物皆肃然，畏其人之若天也。"

【译文】

威力盛大，就能使自己的内心充实而坚定；内心充实坚定，威力发出便不可阻挡。不可阻挡，就能分散撼动他人的威势，其势如同天威。

【原文】

以实取虚，以有取无，若以镒称铢①。

【注释】

①实：坚实。指我方的优势。虚：空虚。指对方否认弱势。以镒称铢：用重的砝码称量轻物，镒、铢：古代重量单位。一镒等于二十四两，一两等于二十四铢。镒是铢的576倍，比喻以重驭轻，轻而易举。陶弘景注："言威势既盛，人物肃然，是我实有而彼虚无，故能以我实取彼虚，以我有取彼无。取之也，动必相应。犹称铢以成镒，二十四铢为镒者也。"

【译文】

那么，我们要想发挥威力、影响别人，就要以用己方之实来攻取对方之虚，以己方之优势去攻对方之劣势。这就好像以"镒"和"铢"比较一样。

【原文】

故动者必随，唱者必和。挠其一指，观其余次，动变见形，无能间者①。

【注释】

①唱，同"倡"，倡导。和：应和，附和。挠：弯曲，屈服。余次：剩下的，其他的。动变见形：意谓所有的动作变化都能表现出来。间，间隙。这里指没有机会逃得掉。陶弘景注："言威分势震物，犹风，故动必有随，唱必有和。但挠其指以名呼之，则群物毕至。然徐徐以次观其余众，犹性安之，各令得所。于是风以动之，变以化之。犹泥之在钧，群器之形自见。如此，则天下乐推而不厌，谁能间之也？"

【译文】

所以威力所及，只要我们有所行动，便一定有人跟随，有所倡导便一定有人附和。就像弯动对方的一个指头，便可看到其他动向一样，对方的所有的动作变化都会明显地出现在我们面前，没有任何遗漏。

【原文】

审于唱和，以间见间，动变明，而威可分①。

【注释】

①间：间隙、矛盾或可利用的机会。陶弘景注："言审识唱和之理，故能有间必知。我既知问，亦既见间即能间，故能明于动变，而威可分者。"

【译文】

仔细地研究观察言行的唱和应对情况，通过捕捉对方的蛛丝马迹去寻找对方的缺陷、矛盾或可利用的机会，待对方的举动和应变的局势明晰之后，那么就可以发挥自己的威势了。

【原文】

将欲动变，必先养志、伏意，以视间①。

【注释】

①养志：培养心志。伏意：隐藏自己的意图。视间：观察、等待可利用的机会。道藏本注："既能养志、伏意，视之其间。则变动之术可成矣"。

【译文】

但是，自己要想有所举动或采取应变举措，一定先要培养心志、隐藏意图，从观察对方，捕捉时机。

【原文】

知其固实者，自养也。让己者，养人也。故神存兵亡，乃为之形势①。

【注释】

①固实：使信念坚定，意志充实。让己：谦让自己。兵亡：意谓不需要动用外在的力量了。道藏本注："谓自知志意固实者，此可以自养也；能行礼让于己者，乃可以养人也。如此，则神存于内，兵亡外，乃可为之形势也。"

【译文】

能够坚固自己的信念、充实自己意志的人，这是在修养自己；能够做到谦退礼让的人，这是在成就别人。能如此，对内，神存心中，精神旺盛；对外，不战而屈人之兵，这便是自己营造的发挥威力最好的形势了。

术五、散势法鸷鸟

冷眼旁观，静观其变，一旦发现良好机会，果断出击。实现这点，不能被动的等待，必须善于发现机会，等待机会，创造机会，更重要的是能够当机立断，随机权变。

【原文】

散势法鸷鸟①。散势者，神之使也②。

【注释】

①势：气势、形势、势能。散势：利用强大的势能，果断迅猛出击。鸷鸟：凶猛而善于搏击的鸟类，如鹰、隼之类。陶弘景注："势散而后物服，犹鸟击禽获，故散势法鸷鸟也。"

②神之使：由精神主宰、驱使。陶弘景注："势由神发，故势者神之使。"

【译文】

散发自己的威势，要效法寻机而动迅猛出击的鸷鸟。向外散发威势，是由内在的精神力量驱动的。

【原文】

用之，必循间而动[①]。威肃，内盛，推间而行之，则势散[②]。

【注释】

①间：间隙，矛盾，可乘之机。陶弘景注："无间则势不行，故用之必循间而动。"

②肃：严肃；认真，集中不松懈。推间：推，促使，使事情开展，促使机会发生。陶弘景注："言威敬内盛，行之又因间而发，则势自然而散矣。"

【译文】

要散发威势，一定要抓住可乘之机采取行动。如果自己的威势充盈，内气强盛，就可以促进和利用机会而采取行动，发挥自己的威力。

【原文】

夫散势者，心虚志溢①。

【注释】

①心虚：思想虚静无杂念。溢：饱满、充沛。志溢：意志饱满坚定。陶弘景注："心虚则物无不包，志溢则事无不决，所以能散其势。"

【译文】

向外散发威势的人，一定要心无杂念，意志坚定。

【原文】

意衰威失，精神不专，其言外而多变①。

【注释】

①意衰威失：意志衰颓，威势丧失。陶弘景注："志意衰微而失势，精神挫衄而不专，则言疏外而谲变。"

【译文】

如果意志衰颓，便会丧失威势，加上精神不能专一，那么，说起话来便会词不达意，变化无常。

【原文】

故观其志意，为度数，乃以揣说图事，尽圆方，齐短长①。

【注释】

①揣说：揣摩和游说。图事：图谋事情。圆方：指圆转灵活的方法或方正直率的原则。见本书《反应》篇："未见形，圆以道之；既形，方以事之。"短长：指纵横之术。陶弘景注："知其志意隆替，然后可为之度数。度数既立，乃后揣说

之图其事也。必尽圆方之理，变短长之用也。”

【译文】

所以，要观察对方的真实的思想意志，并以此为行事的标准，就可以据此而进行揣摩游说，谋划各种事情，尽圆与方的处事艺术，施展纵横游说的策略方法。

【原文】

无间则不散势①。散势者，待间而动，动而势分矣②。

【注释】

①无间则不散势：如果没有可利用的机会，就不随便散势。

②动势分也：一但行动，对方的威势就能分散出去。陶弘景注：“散不得间，则势不行。故散势者待间而动。动而得间，势自分矣。”

【译文】

对方如果没有间隙或机会可用，那么，己方就不散势。所谓散势，一定要等到有可乘之机的时候才行动，不动则已，一旦行动，必使对方的威势分散瓦解。

【原文】

故善思间者，必内精五气，外视虚实，动而不失分散之实①。

【注释】

①善思间者：对间隙和有利机会能准确分析和把握的人。精，精炼。五气：五脏的精气。实：实效。陶弘景注：“五气内精，然后可以外察；虚实之理不失，则间必可知。有

间必知，故能不失分散之实也。”

【译文】

所以，对间隙和有利机会能准确分析和把握的人，一定要精炼五气，对外能观察虚实，从而把握时机。他一旦采取行动便不会失去散发威势的实效。

【原文】

动，则随其志意，知其计谋[①]。

【注释】

①随：跟从、顺随。陶弘景注：“计谋者，志意之所成。故随其志意，必知其计谋也。”

【译文】

我们必须要紧紧地抓住并跟随对方的志向和意图，来了解对方的计谋。

【原文】

势者，利害之决，权变之威。势败者，不以神肃察也[①]。

【注释】

①陶弘景注：“神不肃察，所以势败。”

【译文】

总之，形势是决定是利或者是害的关键，也是权变的威力所在。威势衰败，往往是因为不能够集中精神去严谨地审察事物的缘故。

术六、转圆法猛兽

率性明理之人，有圣人之心，怀不测之智，明析发展规律，洞察时势人心，以道而先知存亡断续，故深谋远虑，计谋层出不穷，言行合乎大道，一切都在掌控之中！

【原文】

转圆法猛兽①。

【注释】

①转圆：意谓待人处事要运用智慧，像圆环永远运转自如一样，随物而化，旋转无穷。猛兽：以兽威无尽喻圣智不穷，转圆不止。陶弘景注："言圣智之不穷，若转圆之无止。犹兽威无尽，故转圆法猛兽。"

【译文】

我们用智慧待人处事要像转动的圆那样圆转灵活、无穷无尽，必须效法猛兽。

【原文】

转圆者，无穷之计也。无穷者，必有圣人之心，以原不测之智；以不测之智而通心术①。

【注释】

①不测：无法测量。原：推究本源。心术：心机，心的思维原理。陶弘景注："圣人若镜，物感斯应。故不测之智、心术之要可知也。"

【译文】

所谓转圆，便是指计谋像圆环那样圆转灵活没有穷尽。要能使计谋无穷，必须要有圣人的心胸，从而探究高深莫测的智慧，以这种高深莫测的智慧来通达思维谋略的原理。

【原文】

而神道混沌为一①。以变论万类，说义无穷②。

【注释】

①神道：玄妙神奇的自然之道。孔颖达说："微妙无方，理不可知，目不可见，不知所以然而然，谓之神道。"混沌为一：浑然成为一体。

②变论万类，说义无穷：意谓既有圣人的心、智、术，就可以针对万事万物的复杂变化，做出不同的分析论述，说出无穷无尽的道理。陶弘景注："既以圣心原不测、通心术，故虽神道混沌，妙物杳冥，而能论其万物之变，说无穷之义也。"

【译文】

然后，把自己的思维谋略与神妙的自然之道，混合为一。当你的思想合于大道，去用事物变化之理来论述万事万物，就可以把无穷事物的精微大义阐述清晰明白。

【原文】

智略计谋，各有形容，或圆或方，或阴或阳，或吉或凶，事类不同①。

【注释】

①形容：形态，体性。圆：圆化多变。方：方正具体。阴：隐蔽不显。阳：公开透明。事类不同：各种事物形态各

异，有不同的分类。陶弘景注：“事至然后谋兴，谋兴然后事济。事无常准，故形容不同。圆者运转无穷，方者止而有分。阴则潜谋未兆，阳则功用斯彰。吉则福至，凶则祸来。凡此事皆反口口，故曰事类不同也。”

【译文】

智慧策略，各有各的特征：有的圆化多变，有的方正具体，有的暗中实施，有的公开透明，有的可带来吉祥，有的会产生凶险，各有不同。因此运用智慧制定策略必须根据事物情形的不同而采取不同的谋略。

【原文】

故圣人怀此之用，转圆而求其合①。

【注释】

①怀此之用：即牢记这种道理而运用不同的智略。求其合：追求自己的智谋能合乎事物的情理。陶弘景注：“此谓所谋圆方以下六事，既有不同，或多乖谬，故圣人法转圆之思，以求顺通合也。”

【译文】

所以，圣人牢记（要随着客观情况的变化而变化）这种道理而运用不同的智略，在处理事情时就像不停转动的圆一样，不断找出合适的智略，求得顺合事理，解决问题。

【原文】

故，兴造化者，为始动作，无不包大道，以观神明之域①。

【注释】

①兴造化者：即与自然造化相合的人。为始动作，无不包大道：一举一动无不合乎自然大道。神明之域：神奇玄妙的境界。陶弘景注：“圣人体道以为用，其动也神，其随也天，故兴造教化其功。动作先合大道之理，以稽神明之域。神道不违，然后发施号令。”

【译文】

从创造万事万物的人开始，圣人的所作所为无不合于大道，并且能看到别人无法看到的神明的境地。

【原文】

天地无极。人事无穷，各以成其类。见其计谋，必知其吉凶成败之所终也①。

【注释】

①极：极限。各以成其类：各自按照自然属性而形成不同的类别。终：结果。陶弘景注：“天地则独长且久，故无极；人事则吉凶相生，故无穷。天地以日月不过、陵谷不迁为成；人事以长保元亨、考终厥命为成。故见计谋之得失，则吉凶成败之所终可知也。”

【译文】

天地是无边无际的，人事是没有穷尽的，各自按照自然的属性而形成不同的类别。观察一个人的计谋特征，便可预测他的结局是吉、是凶、是成、是败。

【原文】

转圆者，或转而吉，或转而凶。圣人以道，先知存亡，

乃知转圆而从方[①]。

【注释】

①圆：圆谋。方：方略。陶弘景注："言吉凶无常准，故取类转圆。然圣人坐忘遗鉴，体同乎道，故先知存亡之所在，乃后转圆而从其方，弃凶而从吉。方，谓存亡之所在也。"

【译文】

计谋就像圆一样运转变化，有的转化为吉，有的转化为凶。圣明的智者通晓大道，凭此能够预知事物的成败存亡，因此能够在无穷的计谋中找到最合情理的计谋来制定切实可行的措施。

【原文】

圆者，所以合语；方者，所以错事；转化者，所以观计谋；接物者，所以观进退之意[①]。

【注释】

①合语：语言契合。错事："错"，通"措"，处置事情。陶弘景注："圆者，通变不穷，故能合彼此之语；方者，分位斯定，故可错有为之事。转化者，转祸为福，故可观计谋之得失；接物者，顺通人情，故可观进退之意、是非之事也。"

【译文】

圆融通达，所以彼此语言契合；方正具体，所以处理事务得当。运转变化，所以可以观察计谋的得失；接待人物，所以能观察进退意向。

【原文】

皆见其会，乃为要结，以接其说也[①]。

【注释】

①会：会聚，这里指融会贯通。皆见其会：指事物或思想的关键。要结：关键。接其说，迎合对方需要的游说。陶弘景注："谓上四者。必见会之变，然后总其纲要而结之，则情伪之说可接引而尽也。"

【译文】

圆者合语、方者错事、转化观计谋、接物观进退，四个方面都要融会贯通，合理运用，这是设谋成事的关键，必须凭此去进行他的游说。

术七、损兑法灵蓍

损益略：同是风雷雨露，发育成长，固由于是，摧残削弱，亦由于是，明时、审势、持枢是说人成事之道，达到"明者远见于未萌，智者避免于未形"的境界。故智者执此为术，佯以益之，实则损之，故能成事，而愚者不知，处处受制于人。

【原文】

损兑法灵蓍[①]。损兑者，几危之决也[②]。

【注释】

①损兑：损益。对应的是《易经》中的两个卦象：损

卦、兑卦。灵蓍：蓍草是古人常用的占筮预测工具，通过蓍草预测的方式来断吉凶、度趋势。《周易·系辞》曰："蓍之德，圆而神。"古人以为蓍千岁生三百茎，有圆而神的美德，所以把它作为《易经》筮的最为理想的推演工具。陶弘景注："《老子》曰：塞其兑。河上公曰：兑，目也。《庄子》曰：心有眼。然则，兑者谓以心眼察理也；损者谓减损他虑，专以心察也。兑能知得失，蓍能知休咎，故损兑法灵蓍也。"

②几危：机危，危险的征兆。陶弘景注："几危之理，兆动之微，非心眼莫能察见。故曰损兑者几危之决也。"

【译文】

要想知道损益得失，就要效法用来预测吉凶的灵蓍。所谓损兑（即损益），这是在遇到危险征兆时，做决断的依据和关键。

【原文】

事有适然，物有成败，机危之动，不可不察①。

【注释】

①适然：偶然。动：萌发，发展。陶弘景注："适然者，有时而然也。物之成败，有时而然；几危之动，自微至著。若非情适远心，知机玄览，则不能知于未兆。察于未形。使风涛潜骇，危机密发，然后河海之量堙为穷流，一篑之积叠成山岳。不谋其始，虽悔何之？故曰不可不察。"

【译文】

事物的发展会有偶然变化，万事万物都有或成或败的可能性。即便是极细微的变化，也不可不随时详察。

【原文】

故圣人以无为待有德。言察辞，合于事①。

【注释】

①有德：是指有智慧的道德人士。陶弘景注：“夫圣人者，勤于求贤，密于任使，故端拱无为，以待有德之士。士之至也，必敷奏以言，故日言察辞也；又明试以功，故曰合于事也。”

【译文】

所以，圣人用顺应自然的无为之道来处理事情，虚其位以等待贤德之人。要考察对方的言辞，看是否与事实相吻合。

【原文】

兑者，知之也；损者，行之也①。

【注释】

①兑者知之：兑，是通过考察研究、增加对事物的了解。损者行之也：损，就是减少排除不利的观念或无用的信息，从而善断吉凶，而有利于实施。陶弘景注：“用其心眼，故能知之；减损他虑，故能行之。”

【译文】

方法是运用损兑之术。兑（即增益），是通过考察研究、增加对事物的了解；所谓损（即损减），减少排除不利的观念或无用的信息，从而善断利弊吉凶，而有利于下一步的行动。

【原文】

损之说之，物有不可者，圣人不为之辞也①。

【注释】

①说，通“兑”。物有不可者：即客观事物的本然与主观不相符的。为之辞：为它辩解。陶弘景注：“言减损之说，及其所说之物，理有不可，圣人不生辞以论之也。”

【译文】

如果我们用“损”和“兑”这两种方法之后，我们发现事物的客观情况与主观要求依然不相符的时候，圣人不会强加辞令进行辩说。

【原文】

故智者不以言失人之言，故辞不烦而心不虚，志不乱而意不邪[①]。

【注释】

①不以言失人之言：不因为自己的言论主张而失掉对对方言辞信息的获得。辞不烦：言语简练不烦琐。陶弘景注：“智者听舆人之涌，采刍荛之言，虽复辨周万物，不自说也。故不以己能言而弃众人之言。既有众言，故辞当而不烦；还任众心，故心诚而不伪。心诚言当，志意岂复乱哉？”

【译文】

所以，智慧的人不因为自己的言论主张而失掉对对方言辞信息的获得。因而能够做到语言简练而不烦琐，内心充实而不虚伪，志向坚定而不迷乱，意念纯正而不邪恶。

【原文】

当其难易，而后为之谋；因自然之道，以为实[①]。

【注释】

①当：判定。实：实际，采取行动。陶弘景注："失事而后谋生，改常而后计起。故心当其难易之际，然后为之谋。谋失自然之道，则事废而功亏。故必因自然之道，以为用谋之实也。"

【译文】

遇到问题，必定要先审度难易程度，再进行谋划决断；顺应自然之道来制定实施措施。

【原文】

圆者不行，方者不止，是谓大功①。

【注释】

①圆：圆谋。方：方略。谋划的事情得不到好的执行，既定的方案就不停止。陶弘景注："夫谋之妙者，必能转祸为福，因败成功，追彼而成我也。彼用圆者，谋令不行；彼用方者，谋令不止。然则，圆行方止，理之常也。吾谋既发，彼不得其常，岂非大功哉？"

【译文】

谋划的事情得不到好的执行，既定的方案就不停止，这样才能成就大事。

【原文】

益之损之，皆为之辞①。

【注释】

①益之、损之：增益、减损。陶弘景注："至于谋之损益，皆为生辞，以论其得失也。"

【译文】

或者增益，或者减损，都是为了言辞能够合适地表达。

【原文】

用分威、散势之权，以见其兑，威其机危，乃为之决[①]。

【注释】

①见其兑：发现对方的损益变化。陶弘景注："夫所以能分威散势者，心眼之由也。心眼既明，机危之威可知矣，既知之，然后能决之。"

【译文】

要善于利用"分威""散势"的权变之法。观察对方的损益变化，在事物发展的关键时刻，发挥威势，然后对此事做出决断！

【原文】

故善损兑者，譬若决水于千仞之堤，转圆石于万仞之磎[①]。

【注释】

①磎：古同"溪"，山涧，山谷。陶弘景注："言善损虑以专心眼者，见事审，得理明，意决而不疑，志雄而不滞。其犹决水转石，谁能当御哉？"

【译文】

所以，善于损兑方法的人，行事就像在千仞大堤决口放水，或者像在万仞深谷中滚动圆石一样，其威势不可挡。

【原文】

而能行此者，形势不得不然也。

【译文】

而之所以能产生这样的效果，是形势之下不得不如此呀。

第三篇　中　经

内心强大才能经略外物，手段高明才能驾驭别人。本篇乃鬼谷子真传鉴人、识才和制人的秘诀。知人本性、因人说事，是为要诀。对待君子要有君子作风，要让他口服心服，以收其心；对待小人使出小人手段，不图伤害他，但要震慑他，使之心存忌惮，或示以利害驱使他为我所用。坚守一个原则：道贵制人而不制于人。

【原文】

《中经》，谓振穷趋急，施之能言厚德之人①。

【注释】

①振：救济。穷：穷困窘迫。急：危急，急难。振穷趋急：救助陷入困境或有急难的人。施之：施予。能言：善于辞

令。谓振穷趋急，施之能言厚德之人，这是《中经》篇的总纲。陶弘景注："振，起也；趋，向也。物有穷急，当振趋而向护之，及其施之，必在能言之士、厚德之人。"

【译文】

所谓《中经》，就是指赈救穷困，济人危难，而实施这个任务的人必然是那些能言善道、德行深厚的人。

【原文】

救拘执，穷者不忘恩也①。能言者，俦善博惠②。施德者，依道③。而救拘执者，养使小人④。

【注释】

①拘执：身陷囹圄的人，这里指处于困境中的人。陶弘景注："若能救彼拘执，则穷者怀德，终不忘恩也。"

②能言者：能言善道的人。俦善：意即多善。俦：同辈、同类。俦善博惠：跟品德善良的人结交，博施恩惠。陶弘景注："俦，类也。谓能言之士，解纷救难，不失善人之类，而能博行恩惠也。"

③施德者：意谓施行德行的人。依道：遵循道法。陶弘景注："言施德之人，动能循理，所为不失道也。"

④小人：与大人相对，是指平民百姓，此处指地位低下者。养使：救养，役使。陶弘景注："言小人在拘执而能救养之，则小人可得而使也。"

【译文】

救人于困境之中，那些被解救的人，就不会忘记你的恩德。能言善道之士，广结善缘，博施恩惠。广施厚德的人，行事都依据于道。而解救处于困境中的人，必定能够豢养他们，并能使之听从自己驱遣使唤。

【原文】

盖士，当世异时，或当因免阗坑①，或当伐害能言②，或当破德为雄③，或当抑拘成罪④，或当戚戚自善⑤，或当败败自立⑥。

【注释】

①阗坑：填塞沟壑。这里指兵荒马乱、横尸原野。阗：满，盛。陶弘景注："填坑，谓时有兵难，转死沟壑，士或有所因，而能免斯祸者。"

②伐害：攻伐陷害。伐害能言：馋害能言善辩之士。陶弘景注："伐害能言，谓小人之道，谗人罔极，故能言之士，多被残害。"

③破德为雄：毁坏文德而拥兵称雄。陶弘景注："破德为雄，谓毁文德，崇兵战。"

④抑拘成罪：遭到拘捕成为罪犯。陶弘景注："抑拘成罪，谓贤人不辜，横被缧绁。"

⑤戚戚自善：忧郁孤独而自善其身。陶弘景注："戚戚自善，谓天下荡荡，无复纲纪，而贤者守死善道，真心不渝，所谓岁寒然后知松柏之后凋，风雨如晦，鸡鸣不已者也。"

⑥败败自立：在世倾时厄，势衰事败中，士能兀然自立于世，困不丧志，穷不变节。陶弘景注："败败自立，谓天未悔过，危败相仍，君子穷而必通，终能自立，若管仲者也。"

【译文】

大凡士人生逢乱世，时局危难之时，有的人仅能幸免不抛尸于沟壑；有的人能言善辩却遭人谗害；有的放弃道德、崇尚武力治世而拥兵自雄；有的人遭到拘捕成为阶下囚；有的人忧心戚戚，坚守善道；有的在危败的情形中，自立自强。

【原文】

故道贵制人，不贵制于人也[①]。制人者握权，制于人者失命。

【注释】

①道：方法，此指处世之道。陶弘景注："贵有术而制人，不贵无术而为人所制者也。"

【译文】

所以立身处世之道，贵在能够控制他人，而不是为他人所控制。能控制他人就掌握着主动权，被他人控制就不能把握自己的命运。

【原文】

是以见形为容、象体为貌，闻声知音，解仇斗郄，缀去，却语，摄心，守义[①]。

【注释】

①陶弘景注："此总其目，下别序之。"

【译文】

因此有见形为容、象体为貌，闻声知音，解仇斗郄，缀去，却语，摄心，守义等方法。

【原文】

《本经》纪事者，纪道数，其变要在《持枢》《中经》[③]。

【注释】

①道数：意谓原理，道之精理。指“盛神”“养志”“实意”等七种道术。变要：变化的要点。“《本经》纪事者”三句：讲明《本经》《持枢》《中经》三篇之间的内在关系。陶弘景注：“此总言《本经》《持枢》《中经》之义。言《本经》纪事，但纪道数而已。至于权变之要，乃在《持枢》《中经》也。”

【译文】

《本经》记载的是如何做到这些方法的根本道理，其运用时具体的变通的要点，都在《持枢》和《中经》里。

【原文】

见形为容、象体为貌者，谓爻为之主也[①]。可以影响形容象貌而得之也[②]。

【注释】

①见：现。表现于外形者成为容，象征个体的成为貌。陶弘景注：“见彼形，象彼体，即知其容貌者，谓用爻卦占卜而知之也。”陶弘景注：“我们仅由他的外在的言行，便可测知他的内心，就像由所现出来的卦象，就可了解卦爻的意义。”

②影响：影子和回响。可以影响形容象貌而得之也：此言可以通过一个人的外在形貌而推测出他的内心世界。陶弘景注：“谓彼人之无守，故可以影响形容象貌，占而得之。”

【译文】

所谓“见形为容、象体为貌者”，就是说，表现于外形者称为容，象征个体的称为貌。那些无修为的人，喜怒于色，言行完全表现于外，我们仅由他的外在的言行，便可测知他的内心，就像由所现出来的卦象，依据阴阳爻的位置和卦象之理就可以推断吉凶，可以从一个人的外在行动、声音、体态容貌等信息推测出他的内心世界。

【原文】

有守之人，目不视非，耳不听邪，言必《诗》《书》，行不淫僻①，以道为形，以德为容，貌庄色温，不可象貌而得之。如是，隐情塞郄而去之②。

【注释】

①守：操守。非：错误的不应该看的东西。邪：邪恶不正的东西。《诗》《书》：儒家经典《诗经》《尚书》。淫僻：邪僻淫佚。

②塞郄：弥补缝隙，堵塞漏洞。陶弘景注："有守之人，动皆正直，举无淫僻，浸昌浸盛，晖光日新，虽有辩士之舌，无从而发，故隐情、塞郄、闭藏而去之。"

【译文】

有道德操守的人，非礼勿视，非礼勿听，说话必定引用《诗经》和《尚书》中的文句，行为方正不邪僻淫佚，以道德规范来约束自己行为，相貌端庄、态度温和，不能通过外在相貌来测知他的内心。遇到这样的对手，就赶快隐藏自己的真情，弥补好语言和行为中的漏洞，离他而去。

【原文】

闻声和音者，谓声气不同①，恩爱不接②。

【注释】

①闻声和音：意谓听到对方的声音就可知道其情感意

蕴，便要用相同的声音去应和，寻求共同的语言。声气：声音和气息。声气不同：这里指双方意气不相投合。

②恩爱不接：意谓彼此不恩爱友善，在感情上不能相互沟通、彼此接纳。

【译文】

所谓“闻声和音”，就是听到对方的声音，便要用相同的声音去应和他，这是因为如果声音的品性不契合，感情上便不能互通、彼此接纳。

【原文】

故商、角不二合，徵、羽不相配①，能为四声主者，其唯宫乎②。

【注释】

①故商、角不二合，徵、羽不相配：商、角、徵、羽，皆为五音之一。五音即宫、商、角、徵、羽。古代以五音配五行，商配金，角配木，徵配火，羽配水，宫配土。五行之中有相克关系，如金克木，所以商与角就不相配；又如水克火，所以徵和羽也不相配。陶弘景注：“商金、角木、徵火、羽水，递相克食，性气不同，故不相配合也。宫则土也，土主四季。四者由之以生，故能为四声之主也。”

②能为四声主者，其唯宫乎：宫是五音之主。根据五音配五行原则，宫对应的是中土，宫音雄浑中平。五行又与五方相配，东方为木，南方为火，西方为金，北方为水，中央为土。由于土居中央，统领四方，反映在音中，宫声就居于主宰地位了。所以说，能为四声之主的只有宫。

【译文】

因为商主金与角主木，二音相克而不相合，徵主火和羽主水，二音相克也不相配，能作为四声之主的，只有主土的宫声了。

【原文】

故音不和则悲①，是以声散、伤、丑、害者，言必逆于耳也②。

【注释】

①悲：悲伤、难听。

②散、伤、丑、害，言语中的四种毛病。散，与人言谈时心意不专。伤，言辞伤人。丑，言辞不雅。害，言辞中暗藏祸机。是以声散、伤、丑、害者，言必逆于耳也：意谓言谈话语中，如果有散、伤、丑、害的毛病，那么，说出的话一定是逆耳难听而无法让人接受。陶弘景注："散、伤、丑、害，不和之音，音气不和，必与彼乖，故其言必逆于耳。"

【译文】

所以音调不和谐，人听起来就会悲怆难受，因而言谈话语中如果有散、伤、丑、害的毛病，那么，说出的话一定是逆耳难听而无法让人接受的。

【原文】

虽有美行、盛誉，不可比目、合翼相须也。此乃气不合，音不调者也①。

【注释】

①相须：须，必需，必要。彼此互不可分。气不合，音不

调：声气的品性不合，音便不会协调。“虽有美行、盛誉”四句：此言若声气不和，即便品行美好，声誉显赫，也不能相互协调呼应。陶弘景注：“言若音气乖彼，虽行誉美盛，非彼所好，则不可如比目之鱼、合翼之鸟，两相须也。其有能令两相交应，不与同气者乎。”合翼，比翼鸟。

【译文】

即使有美好的品行，盛大的声誉，也不能像比目鱼、比翼鸟那样和谐亲密，互相配合。这都是由于意气不相投，话语不协调导致的后果。

【原文】

解仇斗郄，谓解羸微之仇；斗郄者，斗强也①。

【注释】

①解仇斗郄：抑强扶弱，团结弱者，使强者互相争斗。解仇，对于那些羸弱的敌人，我们可以解除对他们的仇恨，使他们免于恐惧。斗郄，使强者相斗以找到罅隙。陶弘景注：“辩说之道，其犹张弓，高者抑之，下者举之。故羸微为仇，从而解之；强者为郄，从而斗之也。”

【译文】

所谓解仇斗郄，就是团结弱者，使强者互相争斗；斗郄，就是使有罅隙矛盾的强者互相争斗。

【原文】

强郄既斗，称胜者高其功，盛其势也①。弱者哀其负，伤其卑，污其名，耻其宗②。

【注释】

①“强郄既斗”三句：意思是有矛盾的双方一旦相斗，胜者，则宣扬其功、夸耀其势。陶弘景注：“斗而胜者，从而高其功，盛其势也。”

②“弱者哀其负”四句：哀其负，为他的失败而悲哀。伤其卑，为他的卑弱而感到伤感。污其名，污了他的名声。耻其宗，羞辱了他的祖宗。陶弘景注：“斗而弱者，从而哀其负劣，伤其卑小，污下其名，耻辱其宗也。”

【译文】

强者相斗之后，对于胜的一方，就高扬他的功劳，壮大他的声势。对于弱者失败一方，就为他的失败表示哀怜，为他的失败表示伤心，暗示他：他的名声扫地，辱没了祖宗。通过这种方式来激励弱者。

【原文】

故胜者闻其功势，苟进而不知退；弱者闻哀其负，见其伤，则强大力倍，死而是也①。

【注释】

①闻其功势：听到称道他的功业和威势。苟进而不知退：只知前进而不知适可而退。陶弘景注：“知进而不知退，必有亢龙之悔。弱者闻我哀伤，则勉强其力，倍意致死，为我为是也。”

【译文】

所以胜者听到别人称道自己的功绩与威势，只知前进而不知后退，弱者听到别人哀叹其失败，见到自己的损伤，反而会倍增力量，拼死而战。

【原文】

郄无极大，御无强大，则皆可胁而并[①]。

【注释】

①郄无极大，御无强大：只要对方有嫌隙即便不是太大，便无强大可言。陶弘景注："言虽为郄，非能强大，其于扞御，亦非强大。如是者，则以兵威胁，令从己，而并其国也。可胁而并，胁迫而吞并。"

【译文】

所以，只要对方有嫌隙即便不是太大，便无强大可言。我们都可以此法削弱他，胁迫他并吞并他。

【原文】

缀去者，谓缀己之系言，使有余思也[①]。

【注释】

①缀：缝补，补缀；连接，连缀。系言：系留人心之言。缀己之系言，意谓要运用关心的话去联络他，使他离开后还想念自己。陶弘景注："系，属也，谓己令去，而欲缀其所属之言，令后思而同也。"

【译文】

缀去之术，旨在用关心的言语连缀住将离我而去的人，使他离开后对自己依然时刻想念不已。

【原文】

故接贞信者，称其行，厉其志，言为可复，会之期喜[①]。

【注释】

①接贞信者：对待贞洁、诚信之人。称其行：称，称

赞，赞誉他的行为。厉其志：厉，通“励”。勉励他的志向。陶弘景注：“欲令去后有思，故接贞信之人，称其行之盛美，厉其志令不怠，谓此美行必可常为，必可报复，会通其人，必令至于喜悦也。”

【译文】

所以对待贞洁、诚信的人，就要称赞他们的言行，勉励他们的志向，言辞中流露出希望他们回来，表达出再次相会的喜悦之情。

【原文】

以他人之庶引验以结往，明款款而去之①。

【注释】

①陶弘景注：“然后以他人庶几于此行者，引之以为成，验以结已往之心，又明己款款至诚如是而去之，必思己而不忘也。”庶，也许可以，表示揣测和希望。款款而去，依依不舍而离去。

【译文】

引用他人相接近的事情，来证明自己的说法，在他离开时，自己明白表示出依依不舍的样子。

【原文】

却语者，察伺短也①。故言多必有数短之处，识其短，验之②。

【注释】

①却：退，因畏惧而后退。却语：让对方因畏惧而后退的

语言。察伺短：观察窥伺对方的短处。陶弘景注："言却语之道，必察伺彼短也。"

②识：记住。验：检验，挑明。陶弘景注："言多不能无短，既察其短，必记识之，取验以明也。"

【译文】

却语之术，就是要我们善于伺察别人言论的漏洞。所以言多必失，我们发觉并记住其中的短处或漏洞，并加以验证。

【原文】

动以忌讳，示以时禁①。

【注释】

①动：以……动其心。动以忌讳，示以时禁：用犯忌讳的事来慑动他，用当时的禁忌来明示他。陶弘景注："既验其短，则以忌讳动之，时禁示之。"

【译文】

指出他犯了忌讳，这样来惊动他，也可以明白地指出他违反了当时的某个禁忌。

【原文】

其人恐畏，然后结信，以安其心①，收语盖藏而却之②。

【注释】

①其人恐畏，然后结信，以安其心：这个人害怕了，你就用你的真诚和信誉让其安心。

②收语：收住话，不再说及此事。盖藏：遮盖掩藏。陶弘景注："其入既以怀惧，必有求服之情，然后结以诚信，

以安其惧，以收其向语，盖藏而却之，则其人之恩感，固以深矣。”

【译文】

对方一定会惊恐畏惧，然后你就用真诚和信誉让其安心。然后，要收住话不再说及此事，把对方的失言掩饰起来，而自己却把这些把柄藏在心里，以便以后以使他望而却步不敢冒犯你。

【原文】

无见己之所不能于多方之人①。

【注释】

①见：同“现”。方：方家，内行，深明此道的人。陶弘景注：“既藏向语，又戒之曰：勿于多方人前，见其所不能也。”

【译文】

不要把自己不能做的，也就是己方的缺陷的、短处，暴露到修为深厚的行家面前。

【原文】

摄心者，谓逢好学伎术者，则为之称远①。

【注释】

①摄心：摄取人心，收服人心。逢：遇到。伎术：技艺

道术。称远：称赞其名，使之远播。陶弘景注：“欲将摄取彼心，见其好学伎术，则为作声誉，令远近知之也。”

【译文】

收服人心的方法，遇到爱好技艺或道术的人，称赞他们的技艺和道术，使他们的声名远播。

【原文】

方验之道，惊以奇怪，人系其心于己①。

【注释】

①方验之道：以己方以往的经验检验。惊以奇怪：故作惊讶，肯定对方。陶弘景注：“既为作声誉，方且以道验其伎术，又以奇怪从而惊动之。如此。则彼人必系其心于己也。”

【译文】

用我们自己的知识经验来验证他的所学，对他的奇特所长表示惊叹，他就会把他的心意系属于自己。

【原文】

效之于人，验去，乱其前①，其归诚于己②。

【注释】

①效：效验。乱：会意字。象上下两手在整理架子上散乱的丝，本义是理丝，引申为治理、整理。《说文解字》：“乱，治也。”乱臣，为治国之臣。

②归诚于己：使他对你心悦诚服而归心于你。陶弘景注：“人既系心于己，又效之于时人，验之于往贤，然后更理其目前所为，谓之曰：吾所以然者，归诚于彼人之已。如此，则贤人之心可得，而摄乱者，理也。”

【译文】

把他的知识技术在人前实践，验证其所学，并把他过去获得成功的案例，整理好一一摆在众人面前，他就会更加诚心地归属于你。

【原文】

遭淫酒色者，为之术；音乐动之，以为必死，生日少之忧①。

【注释】

①淫酒色者：贪恋酒色而荒淫无度的人。陶弘景注：“言将欲探愚人之心，见淫酒色者，为之术；音乐之可说，又以过于酒色，必之死地，生日减少，以此可忧之事，以感动之也。”

【译文】

遇到沉湎酒色不能自已的人，用摄心之术的做法，以音乐感化触动他，让他认识到一直沉湎于酒色，结局是必死，这样下去的话有生之日就会不多了，使其因之忧愁。

【原文】

喜以自所不见之事，终可以观漫澜之命，使有后会①。

【注释】

①喜：以……为喜。漫澜之命：漫澜，美好无极，形容生

命五彩缤纷。会：会悟。陶弘景注："又以音乐之事，彼所不见者，以喜悦之言，终以可观，何必淫于酒色。若能好此，则性命漫澜而无极，终会于永年。愚人非可以道胜说，故惟音乐可以探其心。"

【译文】

用对方平时看不见的事情来让他高兴，让他最终感受到生命无限美好，使其醒悟，对于未来充满无穷的希望。

【原文】

守义者，谓守以人义，探其在内以合也①。

【注释】

①守义：谨守做人的道义。人义：仁义。这里是说守义之术，要谨守仁义，以符合社会适宜的行为，探取对方内心，再迎合他，然后控制他。陶弘景注："义，宜也。探其内心，随其人所宜，遂所欲以合之也。"

【译文】

所谓守义，就是坚守仁义，并从内探取对方的心意，以迎合他。

【原文】

探心，深得其主也，从外制内，事有系曲而随之①。

【注释】

①探得其心，即可赢得其心，进而就可由外面而内控制他。陶弘景注："既探知其心，所以得主深也。得心既深，故能从外制内。内由我制，则何事不行。故事有所属，莫不由曲

而随己也。”

【译文】

探取对方的心，得到他内心的真实意图，然后从外面控制他的内心，如果能控制其心，遇到事情，因对方的心意被你系牵，从而曲从于你。

【原文】

故小人比人，则左道而用之，至能败家夺国①。

【注释】

①比：结党营私。左道：旁门左道。陶弘景注：“小人以探心之术来比于君子，必以左道用权。凡事非公正者，皆由小人反道乱常、害贤伐善，所用者左，所违者公，百度昏亡，万机旷紊，家败国夺，不亦宜乎！”

【译文】

所以小人与人结交，用的是旁门左道来行事，以至于家败国亡。

【原文】

非贤智，不能守家以义，不能守国以道。圣人所贵道微妙者，诚以其可以转危为安，救亡使存也①。

【注释】

①陶弘景注：“道，谓中经之道也。”贵：看重。

【译文】

不是贤能有智慧的人，便不能以义来守家，以道来治国。圣人之所以尊重微妙的道义，是因为道义确实可以使家国转危为安，可以救亡图存。

第四篇　符　言

修炼长者风度，“安、徐、正、静”，合于中庸之德，性情柔和而刚，惠及子民；德行崇高而厚，德照大地，心胸似大海般辽阔，容纳百川。谋圆行方，详察民心，察纳雅言，因之循理，融他人之智，集众人之力。这样的人，佩天地之德，怀人和之功，是天下纯美的人，可做圣人明君。

【原文】

安徐正静，其被节无不肉①。善与而不静，虚心平意，以待倾损②。有主位③。

【注释】

①安：安详。徐：从容。正：正直。静：沉静。“其被节无不肉”：据考证应该是“柔节先定”。节：节度。被节：

统驭，管理；肉：通“柔”，是宽柔、仁爱的意义。《黄帝书·十六经·顺道》也说：“大庭之有天下也，安徐正静，柔节先定。”陶弘景注：“被，及也。肉，肥也，谓饶裕也。言人若居位，能安、徐、正、静，则所及人节度无不裕饶。”

②善与：喜欢参与，指爱干预。不静：不能静下来，浮躁。虚心：空心。平意：意志平平。待：等待。倾损：倾倒损毁。陶弘景注：“言人君善与事结而不安静者，但虚心平意以待之，倾损之期必至矣。”

③有：通“右”，古人书写皆从右向左，故“右”即上文之意。陶弘景注：“主于位者，安、徐、正、静而已。”

【译文】

君主能够做到安详、从容、正直、沉静，他就具有怀柔的统驭之道，而臣民无不受其恩泽；如果君主喜欢干预、扰乱臣民的生活秩序，躁动不能沉静下来，胸无大志，意志平平，等待他的可能就是倾覆败亡。以上是讲君王如何安于君位的道理。

【原文】

目贵明，耳贵聪，心贵智①。

【注释】

①明：明亮，此处指见识和眼光。聪：听觉灵敏，指善听。智：指智慧英明。陶弘景注：“目明则视无不见，耳聪则听无不闻，心智则思无不通。是三者无拥。则何措而非当也。”

【译文】

眼睛贵在明亮，耳朵贵在听觉灵敏，心灵贵在智慧英明。

【原文】

以天下之目视者，则无不见；以天下之耳听者，则无不闻；以天下之心思虑者，则无不知[①]。

【注释】

①以天下之目视：指用天下人的眼睛去看。这几句的意思是启发集体的力量。陶弘景注："昔在帝尧，聪明文思，光宅天下，盖用此道也。"

【译文】

君主如果用天下人的眼睛去观察，就没有看不见的；如果用天下人的耳朵去倾听，就没有听不到的；如果用天下人的心去思虑，就没有不明白的。

【原文】

辐凑并进，则明不可塞[①]。有主明[②]。

【注释】

①辐：连接车轮与车轴的辐条。凑：通"辏"。辐凑：即"辐辏"，车轮的辐条集聚到中心。陶弘景注："夫圣人不自用其聪明、思虑，而任之天下，故明者为之视，聪者为之听，智者为之谋，若云从龙，虎从风，霈然而莫之御，辐凑并进，不亦宜乎！若日月照临，其可塞哉？故日明不可塞也。"

②明：英明。陶弘景注："主于明者，以天下之目视也。"

【译文】

像车辐条集辏于车轴上一样，同心同德，齐心协力，则君主的英明便不会堵塞。以上是讲君主如何保持英明。

【原文】

德之术，曰：勿坚而拒之①，许之则防守，拒之则闭塞②。

【注释】

①德之术：崇德之术。德：思想品质。坚而拒之：坚决拒绝。陶弘景注："崇德之术，在于恢弘博纳。山不让尘，故能成其高；海不辞流，故能成其深；圣人不拒众，故能成其大。故曰勿坚而拒之也。"

②许：答应。防守：守护。陶弘景注："言许而容之，众必归而防守；拒而逆之，众必违而闭塞。归而防守，则危可安；违而闭塞，则通更壅。夫崇德者安可以不弘纳哉？"

【译文】

君主的一项美德是：听到一件事情不要坚决地拒绝，也不要轻易地许诺，许诺了就一定要做到守护自己的诺言；坚决拒绝就会使自己闭塞，听不到别人的建议。

【原文】

高山仰之可极，深渊度之可测，神明之德术，正静其莫之极①。有主德②。

【注释】

①仰：仰望。测：测量。度：度量。极：顶端，最高点，尽头。陶弘景注："高莫过于山，犹可极；深莫过于渊，犹可测。若乃神明之位，德术正静，迎之不见其前，随之不见其后，其可测量乎哉！"

②主德：陶弘景注："主于德者，在于含弘而勿拒也。"

【译文】

山峰虽高，扬起头可看到它的顶端；深渊虽深，经过测量也可以得到它的深度；神明君主处在最尊贵的位置，要做到中正而沉静，高深而莫测。以上讲如何善听。

【原文】

用赏贵信。用刑贵正①。赏赐贵信，必验耳目之所见闻。其所不见闻者，莫不暗化矣②。

【注释】

①正：公正。

②暗化：潜移默化。陶弘景注："赏信，则立功之士致命捐生；刑正，则受戮之人没齿不怨也。"

【译文】

实行赏赐贵在守信，实行刑罚贵在公正。赏赐贵在守信，应通过民众平时所见所闻的事情来验证。这样那些没有亲眼看到和亲耳听到的人也能潜移默化影响。

【原文】

诚畅于天下、神明，而况奸者干君①！有主赏②。

【注释】

①诚：如果；果真。奸者干君：干，追求（职位、俸禄等）谄媚君主的奸臣。陶弘景注："言每赏从信，则至信畅于天下，神明保之如赤子，天禄不倾如泰山，又况不逞之徒欲奋起奸谋干于君位者哉！此犹腐肉之齿利剑，锋接必无事矣。"

②陶弘景注："主于赏者，贵于信也。"

【译文】

如果真正能做到刑赏公正守信，使君主的德行畅行于天下，达到神明境地，那些想以奸邪的手段求得赏识的人也会被感化。以上所说的是如何进行赏罚。

【原文】

一曰天之，二曰地之，三曰人之①。四方、上下、左右、前后。荧惑之处安在②？有主问③。

【注释】

①此句指君主的知识范筹，包括上知天时、下知地理、中察人事。陶弘景注："天有逆顺之纪，地有孤虚之理，人有通塞之分。有天下者宜皆知之。"

②荧惑：迷惑。"荧惑"是指火星，由于火星荧荧似火，行踪捉摸不定，因此我国古代称它为"荧惑"。陶弘景注："夫四方、上下、左右、前后，有阴阳向背之宜。有国从事者不可不知。又，荧惑，天之法星，所居灾眚吉凶尤著。故曰：虽有明天子，必察荧惑之所在。故亦须知也。"

③陶弘景注："主于问者，必辨三才之道。"

【译文】

一问天文，二问地理，三问人事。四方、上下、左右、前后的情况都要问得明明白白了解得清清楚楚，哪里还有被人迷惑的地方？以上是说要善问。

【原文】

心为九窍之治，君为五官之长①。为善者，君与之赏；为非者，君与之罚②。

【注释】

①九窍：指双眼、双耳、双鼻孔、口、前阴、后阴。五官：五官是我国古代对于官职的分类和称谓。分别指的是，司马，司徒，司士，司空，司寇。司马掌握军权，司徒主要掌管土地户口，司士掌管官爵俸禄，司空分管土木工程建设，司寇掌管治安和维稳。这里泛指各种官吏。陶弘景注："九窍运为，心之所使；五官动作，君之所命。"

②陶弘景注："赏善罚非，为政之大经也。"

【译文】

心是各种器官运行的主宰，君主是各种官吏的首长。做善事的，君主赏赐他；干坏事的，君主便惩罚他。

【原文】

君因其政之所以求，因与之，则不劳[①]。圣人用之，故能掌之。因之循理，故能久长[②]。有主因[③]。

【注释】

①因：顺应，根据。因其政之所以求：顺着政治的需要而行。与：给予。陶弘景注："与者应彼所求，求者应而无得。应求则取施不妄，得应则行之无怠。循性而动，何劳之有？"

②陶弘景注："因求而与，悦莫大焉；虽无玉帛，劝同赏矣。然因逆理，祸莫速焉。因之循理，固能长久也。"

③陶弘景注："主于因者，贵于循理。"

【译文】

君主按照政治的需要，施行赏罚，就不会劳神费力。圣人用这种方法，所以就能掌握他们。君主如果能遵循这个道理，就能够长治久安。以上是讲君主因势顺理统驭臣民之道。

【原文】

人主不可不周；人主不周，则群臣生乱①。

【注释】

①周：周到、细密。陶弘景注："周，谓遍知物理。于理不周，故群臣乱也。"

【译文】

做君主的不可以不周密。如果君主做事不周密，那么群臣便会作乱。

【原文】

寂乎其无常也，内外不通，安知所开①？开闭不善，不见原也②。有主周③。

【注释】

①寂：静默，没有声响。无常：不正常。《荀子·修身》："趣舍无定，谓之无常。"通：沟通。"寂乎"二字，陶弘景作"家乎"。陶弘景注："家，犹业也。群臣既乱，则所业者无常。而内外闭塞，触途多碍，何如知所开乎？"俞樾《读书余录》云："隶书寂字每作穿。此文家于二字乃家乎二字之误。"《管子·九守》正作"寂乎其无端也"，可为确证。

②不见原：不能洞悉事情的本原。陶弘景注："开闭，即捭阖也。既不用挥阖之理，不见为善之源也。"

③陶弘景注："主于周者，在于遍知物理。"

【译文】

人们都不说话是不正常的，内外信息不畅通，君主怎么能够知道处理国事、协调君臣的出口在哪儿呢？如果不善于掌握捭阖之术，就不能洞悉事物的本原。以上是讲君主做事要周密。

【原文】

一曰长目，二曰飞耳，三曰树明[①]。千里之外，隐微之中，是谓洞[②]。

【注释】

①长目，飞耳，树明：延伸耳目，使心里明察。陶弘景注："用天下之目视，故曰长视目；用天下之耳听，故曰飞耳；用天下之心虑，故曰树明者也。"

②洞：洞察。陶弘景注："言以天下之心虑，则无不知。故千里之外、隐微之中。莫不玄览。"

【译文】

一要使眼睛看得更远；二要使耳朵听得更远；三要树立明辨是非的思维。如果能够了解千里之外、隐秘微小的事情，这便叫作洞察。

【原文】

天下奸[①]，莫不暗变更[②]。有主恭。

【注释】

①奸：奸诈、自私之徒。陶弘景注："既察隐微，故为奸之徒绝邪于心胸。故曰莫不暗变更也。"

②变更：指弃恶从善，更改前非。陶弘景注："主于恭者，在于聪明文思。"俞樾《读书余录》云："恭字之义，与上所言一曰长目，二曰飞耳，三曰树明全不相涉，恭乃参字之误。"《管子·九守》作"右主参"。参：参验，考察。

【译文】

天下的奸邪之人就都会悄悄地改变自己的恶劣行为。以上是讲如何参验洞察奸邪。

【原文】

循名而为，实安而完①。名实相生，反相为情②。

【注释】

①循：因顺，依照。名：名分。实：实践、实际。完：完好。陶弘景注："实既副名，所以安全。"

②名实相生：指名分和实际互相依托，相辅相成。反相为情：指名分产生于实际，又反过来证明实际。陶弘景注："循名而为实，因实而生名，名实不亏，则情在其中。"

【译文】

按照名分去做事，实践起来会安全而完好。名分和实际相互助长，互为情理。

【原文】

故曰：名当则生于实，实生于理①。理生于名实之德②。

【注释】

①当：相称，恰当。陶弘景注："名当。自生于实；实立，自生于理。"

②理：事理。名实之德：名实相符的道德。陶弘景注："无理不当，则名实之德自生也。"

【译文】

所以说：名分适当是从实践中产生出来的；而实践是从事理中产生的。事理是从名实相符的道德中产生出来的。

【原文】

德生于和，和生于当①。有主名②。

【注释】

①和：和谐、协调。陶弘景注："有德必和，能和自当。"或认为，和字是知（智）字之误。

②陶弘景注："主于名者，在于称实。"

【译文】

道德是从和谐中产生的；和谐是从适当中产生的。以上是说名实相符的重要性。

中卷　纵横

天地万物阴阳造化，世事如棋开合（捭阖）应之，纵横之法捭阖为本，人生荣辱反掌之间。圆方为形，开闭为术。以阴阳之道驾驭事理，家事国事天下事可纵可横；以捭阖之道化育众生，立德立功立言能进能退。合纵则以一成百，连横则相得益彰。鬼谷子中卷六篇详论谋事制人之道，谓之《纵横》。

第一篇 捭 阖

纵横大才，审时度势多谋善断。其初深隐内敛，冷眼旁观，运筹帷幄。待时已到，突显锋芒一招制敌，在看官一怔未悟时，剑已还鞘！复归谈笑自若！他们谋略奇伟，外表儒雅温润；他们高瞻远瞩，为人低调谦和；他们功业卓著，却淡泊名利；他们进可建功退能保身！乃真名士风采！

【原文】

粤若稽古①，圣人之在天地间也，为众生之先②。

【注释】

①粤若：粤若，发语词，无意义。稽，考察。陶弘景注：“若，顺；稽，考也。”陶弘景解释的意思是“如果顺着往上考察古代的历史”，句意亦通。

②圣人：有高深道德、智慧超群的人物。《鬼谷子》中特指能纵横捭阖的人。圣人能够深入领会阴阳之理捭阖之道，掌握自然界和社会的本质及规律，并善于利用矛盾，从事社会活动。众生：一般民众。先：先知先觉者。

【译文】

推究古代的历史便可知道，圣人在天地之间能称之为圣人，是因为他是芸芸众生的先知先觉者。

【原文】

观阴阳之开阖以命物①，知存亡之门户②。

【注释】

①命物：命，指派、指示，借指判断物理、统驭、调控管理万物，役使万物。陶弘景注："阳开以生物，阴合以成物。生成既著，须立名以命之也。"笔者认为陶弘景的说法：给"物"起名字。这个说法不够妥当。试想圣人，千辛万苦修养得到的辩证法的理论知识和开闭的技术方法，却只用来给天下万物起个名字？

②门户：比喻出入必经的要地，借喻关键、途径。陶弘景注："不忘亡者，存；有其存者，亡。能知吉凶之先见者，其唯知几者乎？故曰：知存亡之门户也。"只有不忘记死亡威胁的人，才能生存；只见到生存的人而不考虑死亡的人，最终会死亡。因此纵横策士要有洞悉吉凶祸福的能力。

【译文】

观察阴阳的开阖的变化规律来为判断万物之理，从而明白万物生死存亡的规律和关键。

【原文】

筹策[①]万类之终始，达人心之理，见变化之朕焉，而守司其门户[②]。

【注释】

①筹策：原指古代计算用具，这里引申为谋算，筹划。万类：万物。达：通达。朕：征兆。陶弘景注："万类之终始，人心之理，变化朕迹，莫不朗然玄悟，而无幽不测，故能筹策达见焉。司，主守也。门户，即上存亡门户也。圣人既达物理终始，知存亡之门户，能守而司之，令其背亡而趣存也。"

②守司其门户：守司，职责，职守，坚守。圣人始终坚守生存死亡的关键。

【译文】

圣人筹划自然万物的始终，能深入人心，发现变化的隐微征兆，并能坚守生死存亡的关键。

【原文】

故圣人之在天下也[①]。

【注释】

①之：用于实词与介词之间，无意义。

【译文】

所以，圣人在普天之下。

【原文】

自古及今，其道一也[①]。

【注释】

①道：规律，方法。其道，圣人的道。

【译文】

从古到今，都遵守同一的大道。

【原文】

变化无穷，各有所归[①]。

【注释】

①所归：归属。陶弘景注：“其道虽一，所行不同，故曰变化无穷。然有条而不紊，故曰各有所归。”圣人所主张的救亡图存的原则不变，但是在现实生活中的具体做法随情况变化而变化。但万变不离“救亡图存”之宗。

【译文】

事物是变化无穷的，都有自身的规律和归类。

【原文】

或阴或阳，或柔或刚，或开或闭，或弛或张[①]。

【注释】

①或：有的。或阴、阳，或柔、刚，或开、闭，或弛、张，皆属于事物的形态属性。陶弘景注：“此二者，法象各异，施教不同。”针对不同对象，处理的方式方法不同，或开或阖，因时而化，因人而异，因时制宜，随势而变。

【译文】

有的阴，有的阳；有的柔，有的刚；有的开放，有的封闭；有的松驰，有的紧张。

【原文】

是故圣人一守司其门户，审察其所先后，度权量能，校

其伎巧短长[①]。

【注释】

①度：量长短。权：称轻重。量：衡量。能：才能。度权量能：审查、估量对方的权谋与能力。校：比。伎巧意即工巧。短长：优劣。陶弘景注："政教虽殊，至于守司门户则一，故审察其所宜先行者先行，所宜后行者后行之也。权谓权谋，能谓材能，伎巧谓百工之役。言圣人之用人，必度量其谋能之优劣，校考其伎巧之长短，然后因材而用。"

【译文】

因此，圣人专一地掌握住阴阳捭阖的关键，周密地考察事物的先后顺序，度量人们的权谋和才能的优劣，比较技艺的短长。

【原文】

夫贤、不肖、智、愚、勇、怯、仁、义，有差[①]。

【注释】

①贤：德才兼备的人。不肖：没有出息。差：差别，等级。陶弘景注："言贤不肖、智愚、勇怯，材性不同，各有差品。"

【译文】

贤能和不肖，聪明和愚钝，勇敢和怯弱，仁爱与守义与否，是有差异的，应该区别对待。

【原文】

乃可捭，乃可阖，乃可进，乃可退，乃可贱，乃可贵；无为以牧之[①]。

【注释】

①无为：道家的哲学概念，意即顺应自然。牧：蓄养，引申为驾驭、管理。陶弘景注："贤者可捭而同之，不肖者可阖而异之。智之与勇，可进而贵之；愚之与怯，可退而贱之。贤愚各当其分，股肱尽其力，但恭己无为，牧之而已矣。"

【译文】

用之于人，必要根据各自秉性，有的要放手使用，有的要拒绝不用，有的提拔，有的辞退，有的可以轻视，有的可以推崇。要顺应其各自的性情区别对待他们。

【原文】

审定有无，以其实虚，随其嗜欲，以见其志意①。

【注释】

审定：仔细考究而推定。有无：指才能的有无。嗜：爱好。欲：欲望。志意：志向与思想。陶弘景注："言任贤之道，必审定其材术之有无，性行之虚实。然后，随其嗜欲而任之，以见其志意之真伪也。"

【译文】

认真详尽地考察他有没有才能，了解其人实虚，根据他的嗜好来发现他的性情、志向、思想。

【原文】

微排其所言，而捭反之，以求其实，贵得其指①；阖而捭之，以求其利②。

【注释】

①微排：微，稍微。排，斥。轻微地试探性地反驳。

反：反复阐述。意谓可以从对方的言辞的自相矛盾处，反问对方，以求找到对方的真实意图。指：旨意，意图。陶弘景注："凡言事者，则微排抑其所言，拨动以反难之，以求其实憾。"

②阖：闭口不言。捭：使动用法，促使对方心门打开、开口说话。利：指对方追求的利益、目标等。陶弘景注："实情既得，又自闭藏而拨动之，（彼）以求其所言之利何如耳。"

【译文】

再试探性地反驳他的言论，反复探知他的内心，从而探寻对方的真实想法，关键在于了解到他的志向主张。如果对方闭口不说，要想法使他开口说话，以了解他追求什么目的。

【原文】

或开而示之，或阖而闭之。开而示之者，同其情也；阖而闭之者，异其诚也①。

【注释】

①同其情：双方情同意合。异其诚：诚，真心，诚意。双方诚意不一样。陶弘景注："开而同之，所以尽其情；阖而异之，所以知其诚也。"

【译文】

或者打开心门向对方表明自己的心意，或者关闭心门，闭口不言。打开心门表明心意，是因为情同意合；向对方关闭心门闭口不言，是因为发现其诚意有异。

【原文】

可与不可，审明其计谋，以原其同异①。离合有守，先从

其志[②]。

【注释】

①可：可行。原：察，探究、分析审明。意谓己方如何应对对方，行还是不行，一定要找到双方的异同点。陶弘景注："凡臣所言，有可有不可，必明审其计谋以原其同异。"

②离：背离。守：保持。从：跟从。从其志：顺从对方的意愿。陶弘景注："谓其计谋，虽离合不同，但能有所执守，则先从其志以尽之，以知成败之归也。"

【译文】

无论可行不可行，一定要审察清楚对方的计谋，考察双方的意见同异的根源。双方的意见相背离或者相和，有一个根本点要守住，即首先抓住对方的真实意图，先顺从他。

【原文】

即欲捭之，贵周；即欲阖之，贵密[①]。周密之贵微，而与道相追[②]。

【注释】

①周：周到。密：隐密。陶弘景注："言拨动之，贵拨周遍；闭藏之，贵其隐密。"冯叔吉对此句评论说："苏子之党，仰庆吊变，说匿情以据缴乘危，即是祖此。"

②微：精妙，微妙。追：接近，符合。陶弘景注："而此二者，皆须微妙，合于道之理，然后为得也。"意在说明隐秘工作要合乎大道，归于无形，这是隐微的最高境界。

【译文】

用捭之策，贵在考虑周到，用阖之策，贵在考虑周到；用阖之策，贵在隐密。周密的要诀贵在微妙运用，能微妙运用就接近于“道”了。

【原文】

捭之者，料其情也。阖之者，结其诚也①。

【注释】

①料：料想，估计。结：系，固结。料其情：了解对方的实情。陶弘景注：“料谓简择，结谓系束。情有真伪，故须简择；诚或无终，故须系束也。”

【译文】

用捭使对方开口，是为了了解对方的实情；用阖，是为了争取对方的真诚合作。

【原文】

皆见其权衡轻重，乃为之度数，圣人因而为之虑①；其不中权衡度数，圣人因而自为之虑②。

【注释】

①权衡：权是秤锤，衡是秤杆，是测量轻重的工具。度数：秤杆上的刻度，标准。为之虑：为对方考虑。陶弘景注：“权衡既陈，轻重自分。然后为之度数。以制其轻重，轻重因得所，而为设谋虑，使之道行也。”

②中：符合。自为之虑：为自己另作考虑。意谓圣人皆擅长见机行事，进则为他人献策，退则为自己谋划。俞棪说：“自行者，自为之虑也；为人行者，因而为之虑也。”纵横家处世灵活，处处想好退路，在阴阳捭阖之间寻找生存之机。陶弘景注：“谓轻重不合于斤两，长短不充于度数，便为废物，何所施哉？圣人因是自为谋虑，更求其反也。”陶说“轻

重”“长短”指臣之才能而言，不合“度数”便为废物，圣人只能另择他人，于义未妥。自为之虑，即为之自虑，意思是替自己考虑。

【译文】

了解到对方所有权衡轻重的价值取向后，圣人就揣度其所想，然后顺其所想而为之度算筹谋。如果对方的价值取向不合乎己方标准，就要根据实际情况，为自己考虑。

【原文】

故捭者，或捭而出之，或捭而纳之[1]。阖者，或阖而取之，或阖而去之[2]。

【注释】

①出之：取出使用。纳之：收纳闭藏。陶弘景注：“谓中权衡者，出而用之；其不中者，纳而藏之。”

②取：争取。去：离开。陶弘景注：“诚者，阖而取之；不诚者，阖而去之。”

【译文】

所以说，同样是用“捭”，或者是通过开启而展示出去，或者是通过开启接受进来；同样是用“阖”，或者是通过闭合而获取，或者通过闭合而离去。

【原文】

捭阖者，天地之道[1]。捭阖者，以变动阴阳，四时开闭，以化万物[2]。

【注释】

①天地之道：天地的运行规律。陶弘景注：“阖户谓之

坤，辟户谓之乾。故谓天地之道。”

②变动阴阳：使阴阳发生变动。四时开闭：四季更替。化万物：化生万物。陶弘景注：“阴阳变动，四时开闭，皆捭阖之道也。纵横，谓废起也，万物或开以起之，或阖而废之。”陶弘景断句为：“以化万物纵横。”

【译文】

开启和闭合是自然万物变化的基本规律，天地通过捭阖，使阴阳变动，就有了四季更替，从而化育万物。

【原文】

纵横反出、反覆反忤，必由此矣①。

【注释】

①忤：抵触，不相合。必由此：必定是捭阖的作用。这是捭阖之术具体表现形式。纵横交错，反之覆之，顺此忤彼，形式虽不同，但均以捭阖之术而御之。纵横反出，纵与横，返与出，皆是对立的事物，是阴阳的表现形式。陶弘景注：“言捭阖之道，或反之令于彼，或反之覆来于此；或反之于彼，忤之于此。皆从捭阖而生，故曰必由此也。”

【译文】

游说中的纵横变化，对道理的反复阐述，是纵是横，是返是出，是反是覆，是向是背，都离不开捭阖这种基本的规则。

【原文】

捭阖者，道之大化，说之变也，吉凶大命系焉。必豫审其变化①。口者，心之门户也。心者，神之主也②。

【注释】

①道之大化：阴阳之道的变化。豫：通“预”，预先。说之变：游说的应变。陶弘景注：“言事无开阖，则大道不化，言说无变。故开闭者，所以化大道，变言说。事虽大，莫不成之于变化，故必豫之，吉凶系焉。”

②心：心中所想，皆由口出。人的精神藏在心里，所以说心为“神之主”。陶弘景注：“心因口宣，故口者心之门户也；神为心用，故心者神之主也。”

【译文】

捭阖是阴阳之道变化的基本规律，也是游说变化的原则，所以，一定要预先周详地研究阴阳开合变化的规律，吉凶存亡的关键全系与一捭一阖之间。口是心的门户，心是精神的主宰。

【原文】

志意、喜欲、思虑、智谋，此皆由门户出入[①]。故关之以捭阖，制之以出入[②]。

【注释】

①志意：志向意愿。喜欲：喜好欲望。思虑：思想考虑。智谋：智慧谋略。陶弘景注：“凡此八者，皆往来于口中，故曰由门户出入也。”

②关，原意指门闩。制：控制。以捭阖之术来驾驭嘴巴，就能达到有效控制语言之目的。陶弘景注：“言八者若无开闭，事或不节。故关之以捭阖者，所以制其出入。”

【译文】

人们的志向、欲望、思想、智谋等，都通过口这个门户说出来。所以，要用捭阖之道来管住自己的嘴巴，审慎表达。

【原文】

捭之者，开也，言也，阳也；阖之者，闭也，默也，阴也①。

【注释】

①陶弘景注："开言于外，故曰阳也；闭情于内，故曰阴也。"

【译文】

所谓"捭"，就是打开心门、开口讲话、就是积极向上；所谓"阖"，就是封闭内心、沉默不言、闭藏收敛。

【原文】

阴阳其和，终始其义①。故言"长生""安乐""富贵""尊荣""显名""爱好""财利""得意""喜欲"，为"阳"，曰"始"②。故言"死亡""忧患""贫贱""苦辱""弃损""亡利""失意""有害""刑戮""诛罚"，为"阴"，曰"终"③。

【注释】

①和：协调，均衡。义：宜，适宜。陶弘景注："开闭有节，故阴阳和；先后合宜，故终始义。"

②尊荣：地位尊贵而荣耀。显名：使名声彰显。陶弘景注："凡此皆欲人之生，故曰始，曰阳。"

③陶弘景注："凡此皆欲人之死，故曰阴，曰终。"

【译文】

阴阳两方相调和，自始至终，开合自然，收放自如。所以说长生、安乐、富贵、尊荣、显名、喜好、财货、得意，都属于“阳”的一类事物，叫作“始”。而死亡、忧患、贫贱、羞辱、毁弃、损伤、失意、灾害、刑戮、诛罚等，属于“阴”的一类事物，叫作“终”。

【原文】

诸言法阳之类者，皆曰“始”；言善以始其事。诸言法阴之类者，皆曰“终”；言恶以终其谋①。

【注释】

①诸言：这些言论。言善：言及事情好的一面。始其事：促使其开始某事。言恶：言及事情坏的一面。终其谋：促使其终止所谋。陶弘景注：“谓言说者，有于阴言之，有于阳言之，听者宜知其然。”

【译文】

凡是所说的这些阳光向上之类的，都可以称为“始”，就以谈论“善”开始，即从讲这件事的好处和利益来游说他；凡是所说的这些诸如阴暗负面之类的，都可以称为“终”，就从以谈论“恶”方面入手，即大讲其厌恶的或担心的不好的结果来终止他当下的想法。

【原文】

捭阖之道，以阴阳试之①。故与阳言者，依崇高。与阴言者，依卑小②。以下求小，以高求大③。

【注释】

①以阴阳试之：从阴言、阳言两个方面试探。陶弘景注：“谓或拨动之，或闭藏之，以阴阳之言试之，则其情慕

可知。”

②阳：指志趣高远、具有积极的人生态度的人。崇高：高大，指内容积极高远。阴：志趣低下、具有消极的人生态度的人。

陶弘景注：“谓与情阳者言，高以引之；与情阴者言，卑以引之。”对品行高尚的人，就要和他说高尚之事；对品行卑劣的人，就要与他说卑小之事，这样与之频道契合而较易成功。

③以下求小，以高求大：按，此言要顺应人性之特点去游说。求：应合。陶弘景注：“阴言卑小，故曰以下求小；阳言崇高，故曰以高求大。”

【译文】

捭阖之道即要从阴阳两方面来试探。跟具有积极的人生态度的人说话，依靠崇高远大的语言；跟消极保守的人说话，要以卑小切身的利益迎合他。用低下保守的言论来适应志向卑微的人，以高昂进取的言论来适应志向远大的人。

【原文】

由此言之，无所不出，无所不入，无所不可①。可以说人，可以说家，可以说国，可以说天下②。

【注释】

①无所不可：没有什么不可以。陶弘景注：“阴阳之理尽，小大之情得。故出入皆可，何所不可乎？”《百子全书》本，将注解混入正文。

②人：平民百姓。家：具有封地的大夫。国：诸侯国的国君。陶弘景注：“无所不可，故所说皆可。”

【译文】

遵循了这样的法则去言说，没有什么不能出入，没有什么对象不可以说服。用捭阖之道，可以游说普通人，可以游说大夫，可以游说诸侯国君，可以说服天下。

【原文】

为小无内，为大无外①。益损、去就、倍反，皆以阴阳御其事②。

【注释】

①无内：不能更小。无外：不能更大。这是道家的一种宇宙观。陶弘景注："尽阴则无内，尽阳则无外。"

②益损：增加或减少。去就：离开或走近，倍：通"背"，背离。反：通"返"，返回。御：控制，主宰。陶弘景注："以道相成曰益，以事相贼曰损；义乖曰去，志同曰就；去而遂绝曰倍，去而复来曰反，凡此不出阴阳之情，故曰皆以阴阳御其事也。"

【译文】

从小的方面入手，可以小到极限，不能再小；从大的方面着眼，可以大的不能再大。损害和增益，离去和接近，背离和返回，都要用运用阴阳捭阖之道来驾驭和掌控。

【原文】

阳动而行，阴止而藏；阳动而出，阴隐而入；阳还终阴，阴极反阳①。以阳动者，德相生也；以阴静者，形相成也②。

【注释】

①讲阴阳的相辅相生、相互转化。陶弘景注："此言上下

相成，由阴阳相生也。”

②德相生：道德相互增长。形相成：形成事就与之相成。

【译文】

面对阳势（有利的形势），就要积极地运动前进；面对阴势（不利的形势），就要停止行动、隐藏待时。面对阳势，主动出击；面对阴势，退避潜入。阴阳互换，阳反复运动，转化为阴；阴到了极点就反归为阳。凡是凭阳气而动的人，道德意志随之相生相长；凭阴气而静的人，左右进退与形势相辅相成。

【原文】

以阳求阴，苞以德也；以阴结阳，施以力也。阴阳相求，由捭阖也[①]。此天地阴阳之道，而说人之法也[②]。为万事之先，是谓圆方之门户[③]。

【注释】

①苞：通“包”，包容。相求：互相追求。陶弘景注：“上下所以能相求者，由开闭而生也。”

②说：游说。陶弘景注：“言既体天地，象阴阳，故其法可以说人也。”

③为万事之先，是谓圆方之门户：此言捭阖乃天地间处理万事的根本法则。圆方：天圆地方；圆喻无形，方喻有形；指不同的表现或手段。陶弘景注：“天圆地方，上下之义也。理尽开闭，然后生万物，故为万物先。上下之道，由此出入，放圆方之门户。”陶注此段均从君臣关系角度立论，此言捭阖乃处理君臣关系的法则，可参。圆方，指天地。

【译文】

从阳的方面去追求阴，要用德行去包容对方，以德包容；从阴的方面去接近阳，要尽智竭力，以诚感人。阴阳相互追求，必须由捭阖之道作指导。这便是天地间的阴阳之道，也是游说别人的根本法则。它是处理一切事情的前提，也是天地之门户，方略圆熟之关键。

第二篇　反　应

用兵如神的前提是知己知彼，游说君主的必要条件是洞悉其心。这里的反应是指有意识地刺激对方，使对方由静态变为动态，从而洞察对方的真实意图的一种方法。“听其言，观其行”是反应的基本技巧，听出话外之音是为善听；观其行知其心才叫明察。

【原文】

古之大化者，乃与无形俱生①。反以观往，覆以验来；反以知古，覆以知今；反以知彼，覆以知己②。

【注释】

①大化者：指以大道化育众生的圣人。无形：道。陶弘景注：“大化者，谓古之圣人以大道化物也。无形者，道也。动

必由道，故曰与无形俱生。”

②反、覆：翻来覆去的意义。就是主客角色换位的方法，从正反两个方面来分析问题。陶弘景注：“言大化圣人，稽众审己，举事慎重，反复详验。欲以知来，先以观往；欲以知今，先以考古；欲以知彼，先度于己。故能举无遗策，动必成功。”

【译文】

古代以大道化育众生的圣人，其作为是与无形的大道共生的。他返过去观察既往的历史，翻过来察验将来；返过去考察古代，翻过来审视如今；返过去探究别人，翻过来认识自我。

【原文】

动静虚实之理，不合于今，反古而求之①。事有反而得覆者，圣人之意也②。不可不察③。

【注释】

①动静：行动与静止。虚实：有形的与无形的。动静虚实：指世间的一切物质。陶弘景注：“动静，由行止也。虚实，由真伪也。其理不合于今，反求于古者也。”

②覆：还，返回。陶弘景注：“事有不合，反而求彼，翻得覆会于此。成此在于考彼，契今由于求古，斯圣人之意也。”

③察：仔细地研究。陶弘景注：“不审则失之于几，故不可不察。”

【译文】

事物动静虚实的道理，如果跟今天发生的情况不一样时，便返回去研究古代的历史，从而寻求出正确答案。事情往往有反求于古代而得到成功启示的，这是圣人的方法，我们不可以不认真研究学习。

【原文】

人言者，动也；己默者，静也。因其言，听其辞①。言有不合者，反而求之，其应必出②。

【注释】

①动：动态。静：静态。因：介词，根据。因其言，听其辞：意即根据对方所说言辞来判断言辞背后的实情和意图，这样情势就明朗了。陶弘景注："以静观动，则所见审；因言观辞，则所得明。"

②求：寻求。陶弘景注："谓言者或不合理，未可即斥，但反而难之，使自求之，则契理之应，怡然自出。"

【译文】

别人讲话，是动；我不言，是静。要根据对方说的话，听出其言辞所透露出来的真实想法。如果对方话语与实情不合，便反向诘难，必能在对方的反应中得出实情。

【原文】

言有象，事有比；其有象比，以观其次①。象者，象其事；比者，比其辞也。以无形求有声②。

【注释】

①象：形象。这里指语言可以模拟的形象。比：类比，同类事物。陶弘景注："应理既出，故能言有象，事有比。前事既有象比，更当观其次，令得自尽。象谓法象，比谓比例。比，谓类比也。"

②有声：指语言。陶弘景注："理在玄微，故无形也。无言则不彰，故以无形求有声。声即言也。"

【译文】

语言可以有其描述的形象，事物一定有可供类比的先例。有了象征和类比，就可以此观察对方下一步的言行意图。所谓"象"，便是用相像的事物来描述所要表达的事物；所谓"比"，便是用可供类比的先例来比喻所要表达的言辞。利用象比手法，可于无形中来得到对方有声的言辞回应。

【原文】

其钓语合事，得人实也[①]。其犹张置网而取兽也，多张其会而司之[②]。

【注释】

①钓语：如钓鱼投饵般的引诱性或启发性的语言。陶弘景注："得鱼在于投饵，得语在于发端。发端则语应，投饵则鱼来。故曰钓语。语则事合，故曰合事。明试在于敷言，故曰得人实也。"

②罝（居）：原指捕兔子的网，这里指捕野兽的网。取：捕获。司：通"伺"，伺机等待。

【译文】

用启发诱导的话如果合乎事理，便得到对方的实际情况。这就好像张开捕兽的网去捕捉野兽，只要多张几张网汇集在野兽经常出没地方，伺机等候着。

【原文】

道合其事，彼自出之，此钓人之网也[①]。常持其网驱之。

其不言无比，乃为之变[2]。

【注释】

①道：此处指说人之法。陶弘景注："张网而司之，彼兽自得；道合其事，彼理自出。理既彰，圣贤斯辨，虽欲自隐，其道无由，故曰钓人之网也。"

②驱之：驱使对方。其不言无比：若遇对方言辞中没有用来作类比推理的信息。陶弘景注："持钓人之网，驱令就职事也。或乖。彼遂不言，无比。如此，则为之变常易网，更有以动之者也。"

【译文】

如果针对对方的方法适合事理，对方就会自己说出实情，这就是一张钓人的网。经常拿着这张网驱使对方入网。如果遇到对方言辞中没有用来作类比推理的信息，便改变方法来应对。

【原文】

以象动之，以报其心，见其情，随而牧之[1]。己反往，彼覆来，言有象比，因而定基[2]。重之、袭之、反之、覆之，万事不失其辞[3]。圣人所诱愚智，事皆不疑[4]。

【注释】

①以象动之：意谓用寓言或其他形象化的手法来打动其内心。报：应合。陶弘景注："此言其变也。报，犹合也。谓更开法象以动之。既合其心，其情可见，因随其情而牧养之。"

②反往、覆来：指反复交谈试探。定基：确定基调。己反往，彼覆来：我们发出诱导性的言辞，对方应答，如此反反复复。陶弘景注："己反往以求彼，彼必覆来而就职，则奇策必

审。故言有象比，则口无择言，故可以定邦家之基也。”

③重：重复。袭：因袭。反、覆：也是反反复复的意思。陶弘景注：“谓象比之言，既可定基，然后，重之，袭之，反覆之，皆谓再三详审，不容谬妄，故能万事允惬。无复失其辞者也。”

④诱：诱导。陶弘景注：“圣人诱愚，则闭藏之，以知其诚；诱智，则拨动之，以尽其情。咸得其实，故事皆不疑也。”

【译文】

用形象的语言打动对方，应合他的心意，发现他的真情，从而顺应他。我们发出揣测言辞，对方应答，彼我双方，一来一往，反复交流。语言多用象征比喻的修辞，又有可供比较参考的先例。如此一来就可以确定对方的行动意图，己方也因此能确定应对之谋略。然后，反复几次，周密考究，那么做任何事就不会因语言失实而遭致失败。圣人诱导愚人和智者的方法各有不同，但对任何一件事都可以做到了解实情、没有疑惑。

【原文】

故善反听者，乃变鬼神以得其情①。其变当也，而牧之审也②。

【注释】

①反听：从正反各方面去听。道家认为，反听是关闭耳目，用心感知。变鬼神：指如鬼神般变化莫测。情：内心情意。陶弘景注：“言善反听者，乃坐忘遗鉴，不思玄览，故能变鬼神以得其情，洞幽微而冥会。夫鬼神本密，今则不能。故

曰变也。”

②当：恰当，适当。牧：这里与“察”同义，就是进行调查加以阐明。陶弘景注：“言既变而当理，然后牧之道审也。”

【译文】

因此善于从正反两面听人话的人，往往采用鬼神不测的变化手段来了解真实情况。他的应变策略得当，他的观察就会非常详细。

【原文】

牧之不审，得情不明；得情不明，定基不审①。变象比，必有反辞，以还听之②。

【注释】

①审：详细，详尽。定基：决定基本的对策。陶弘景注：“情明在于牧审，故不审则不明；审基在于情明，故不明则不审。”

②变象比，必有反辞：纵横策士在游说时，根据需要变换所言之形象或事理的类比，对方必定随之有诘难之辞，我方则从反馈之信息中获取对方真情。还：返回；或认为通“旋”，旋转。陶弘景注：“谓言者于象、比有变，必有反辞以难之，令其先说，我乃还静以听之。”

【译文】

如果观察不周详，得到的情况便不明确；得到的情况不明确，决定的基本策略便不详尽。根据需要变换所言之形象或事理的类比，对方必定随之有诘难之辞，自己回过头来听下去，以观察其真实情况和意图。

【原文】

欲闻其声，反默；欲张，反敛；欲高，反下；欲取，反与[①]。欲开情者，象而比之，以牧其辞。同声相呼，实理同归[②]。

【注释】

①反：反而。与：给予。陶弘景注："此言反听之道，有以诱致之。故欲闻彼声，我反静默；欲彼开张，我反睑敛；欲彼高大，我反卑下；欲彼收取，我反施与。如此，则物情可致，无能自隐也。"

②开情：露出真情。陶弘景注："欲开彼情，先设象、比而动之；彼情既动，将欲生辞，徐徐牧养，令其自言。譬犹鹤鸣于阴，声同必应。故能以实理相归也。"

【译文】

想要听清对方的声音，自己反而要沉默；想要展开，反而先收敛；想要向上，反而先下降；想要取得，反而先给予。想要使对方开诚相见，要先描绘同类事物之形象，或列举历史上同类事例作类比，从而诱导对方发言。同频的声音会前呼后应。相同的事物必然证实相同的道理。

【原文】

或因此，或因彼，或以事上，或以牧下[①]。此听真伪，知同异，得其情诈也[②]。

【注释】

①事上：侍奉上级，君主。牧下：管理下属。牧：蓄养，借喻统驭、管理。陶弘景注："谓所言之事，或因此发端，或因彼发端，其事有可以事上、可以牧下者也。"

②此：指以上的方法。情诈：真情与欺诈。意谓反听之法可以辨别真伪，知悉同异，识别真诚与伪诈。陶弘景注："谓真伪、同异、情诈，因此上事而知也。"

【译文】

所谈的事情或者根据这种道理，或者顺着那种道理，有的宜于侍奉上级，有的适合用来管理臣下。这些是分辨真假、了解彼此间的异同、能掌握对方是真情还是欺诈的方法。

【原文】

动作言默，与此出入；喜怒由此，以见其式①。皆以先定，为之法则②。

【注释】

①动作：行为、举动。与此出入：都体现了此规律。式：模式，《说文解字》："法也。"陶弘景注："谓动作言默，莫不由情与之出入。至于或喜或怒，亦由此情以见其式也。"

②先定：预先定下的方法。陶弘景注："谓以上六者，皆以先定于情，然后法则可为。"

【译文】

言谈中的行为举止、或言语或沉默、是欢喜还是愤怒，都要通过这种途径，并体现出反听这种规则。以上一切，都要以能预先定好的方案为原则。

【原文】

以反求覆，观其所托①。故用此者，己欲平静，以听其辞，观其事，论万物，别雄雌②。

【注释】

①覆：回复。托：凭借、寄托。观其所托：观察出对方的情感或理论所寄托之处。陶弘景注：“反于彼者，所以求覆于此，因以观彼情所托，此谓信也。”

②雌雄：指高低、强弱。己欲平静：自己要平心静气。陶弘景注：“知人在于见情。故言用此也。谓听言之道，先自平静。溉得其辞，然后察其事，或论序万物。或分别雌雄也。”

【译文】

通过反复的试探交流，求得对方的回复，再观察分析他语言背后所寄托的实情。因此，使用这种方法，自己要平心静气来听对方的言辞，察明事理，探讨万事万物，辨别事情的真伪雌雄。

【原文】

虽非其事，见微知类①。若探人而居其内，量其能，射其意也；符应不失②。如螣蛇之所指，若羿之引矢③。

【注释】

①见微知类：指从小见大，从少数的事物上就可以推断出同类事物的共同特征。陶弘景注：“谓所言之事，虽非时要，然观此可以知微，故日见微知类。”

②内：内心。射：此处指推测。符应不失：意谓用这种方法得到的情况，就会像符契一样切合实际。陶弘景注：“闻其言，则可知其情，故若探人而居其内，则情原必尽。故能量能射意，乃无一失，若合符契。”

③螣蛇：传说中的神蛇。（见《实意》篇）羿：后羿，神话传说中的人物，擅长射箭。陶弘景注：“螣蛇所指，祸福

不差；羿之引矢，命处辄中。听言察情，不异于此，故以相况也。”

【译文】

即使不是同一事物，也可以从小见大，从少数的事物上就可以推断出同类事物的共同特征。这就好像要想了解别人而能钻到他的内心一样，衡量出他的才能，洞悉他的想法，揣测其外在表现与内心就会跟符节一样，不出差错。又会像螣蛇所兆吉凶祸福一样，分毫不差；像后羿射箭一样，已发必中。

【原文】

故知之始己，自知而后知人也①。其相知也，若比目之鱼②。

【注释】

①知之始己：了解别人，从了解自己开始。陶弘景注：“知人者智，自知者明。智从明生，明能生智。故欲知人，必须知己。”

②相知：相互了解。陶弘景注：“我能知己，彼须我知，必两得之，然后圣贤道合，故若比目之鱼。”

【译文】

所以说，要认识别人，首先从认识自己开始。只有先认识自己，然后才能认识他人。双方互相了解，就好像比目鱼一样。

【原文】

其见形也，若光之与影也①。

【注释】

①见形：发现对方的情形。陶弘景注："圣贤合则理自彰，犹光生而影见。"按：陶弘景以上几句作："其相知也，若比目之鱼；见形也，若光之与影也。"《太平御览》所引用的《反应》篇文字是："其和也，若比目之鱼。其伺言也，若声之与响；其见形也，若光之与影也。"注为："和，答问也。因问而言，申叙其解，如比目鱼相须而行；候察言辞往来，若影之随形、响之应声。"

【译文】

看明白对方的表现，就好像物在有光线下就会出现阴影一样敏捷。

【原文】

其察言也不失，若磁石之取鍼，舌之取燔骨①。其与人也微，其见情也疾②。

【注释】

①磁石：吸铁石。鍼：同针。燔骨：熟肉里的骨头。陶弘景注："以圣察贤，复何所失？故若磁石之取鍼，舌之取燔骨。"

②微：微妙。陶弘景注："圣贤相与，其道甚微；不移寸阴，见情甚疾。"

【译文】

分析对方的言论，就好像用磁石去吸铁针一样不会发生差失，又好像用舌头取出熟肉里的骨头一样容易。他与人打交道，方式很微妙。他洞察实情却敏锐迅速。

【原文】

如阴与阳，如阳与阴；如圆与方，如方与圆①。未见形，圆以道之；既见形，方以事之②。

【注释】

①陶弘景注："上下之道，取类股肱，比之一体，其来尚矣。故其相成也，如阴与阳；其相形也，犹圆与方。"

②道：导也。陶弘景注："谓向晦入息，未见之时，当以圆道导之；亦既出潜离隐，见形之后，即以方职任之。"

【译文】

如同阴阳相生，圆方相形。在对方的基本情形尚不明朗时，便采用圆融灵活之道来诱导他；如果基本情况已经清楚，就用具体的方略处理事情。

【原文】

进退左右，以是司之①。己不先定，牧人不正②；事用不巧，是谓忘情失道③。己审先定以牧人，策而无形容，莫见其门，是谓天神④。

【注释】

①进退左右：意思是用人之道，不论任用还是辞退，升迁还是贬谪。这里代表圆与方的道理。陶弘景注："此言用人之道，或升进，或黜退，或贬左，或崇右，一惟上圆方之理。故曰以是道司之。"

②陶弘景注："方圆进退，若不先定，则于牧人之理不道其正也。"

③忘情失道：指忘却真情偏离正道。陶弘景注："用事不巧，则操末续颠，圆凿方枘，情道两失。故曰忘情失道也。"

④策而无形容：意谓设计谋于无形中。天神：指达到了奥妙神明的境界。陶弘景注：“已能审定，以之牧人。至德潜畅，玄风远扇，非形非容，无门无户。见形而不及道，日用而不知。故谓之天神也。”

【译文】

总之，无论进，退，左，右，都要坚守圆方进退之道。自己不预先审定策略原则，就不能公正有序地统驭别人，这便叫作“忘情失道”；自己先有定见，再去管理别人，策略巧妙而了无痕迹，没有谁能懂得其中奥妙，这便达到了神鬼莫测的最高境界，可以称为“天神”。

第三篇　内　揵

有矛就有盾，有锁就有钥匙，有问题就有答案，有困难就有方法；只要有坚固的盾就没有挡不住的矛，只要找到合适的钥匙就没有开不了的锁，只要找到对症的药物就没有治不好的病，只要有足够的智慧就没有解决不了的问题，只要摸透他的心就没有打不开的门！

【原文】

君臣上下之事，有远而亲，近而疏①；就之不用，去之反求②；日进前而不御，遥闻声而相思③。

【注释】

①亲疏：亲疏，指情感或实际的信任程度。远而亲，近而疏：看似疏远，其实很亲密；看似亲密，实则疏远。陶弘景

注："道合，则远而亲；情乖，则近而疏。"

②就：凑近。去：离开。陶弘景注："非其意，则就之而不用；顺其事，则去之而反求。"

③御：通"迓"(yà)，迎接。陶弘景注："分违，则日进前而不御；理契，则遥闻声而相思。"

【译文】

君臣上下间的关系极其微妙。有的貌似疏远，感情上却很亲密；有的看似亲近，实际上却彼此很疏远。有的人主动靠近争取却不被任用；有的人离开了，却反而求回。有的天天就在君主身前，却不被信任；有的远在天边，君主却听到声音而思念不已。

【原文】

事皆有内揵，素结本始①。或结以道德，或结以党友，或结以财货，或结以采色②。

【注释】

①内揵：像配套的钥匙和锁一样。内情相合关系自然牢固密切。素：平素。结：建立关系。本始：本原，开始。陶弘景注："言或有远之而相亲、去之反求、闻声而思者，皆由内合相持，素结其始。故曰皆有内揵、素结本始也。"

②党友：志同道合的朋友。采色：采，采邑，指封地。色，美色。一说声色娱乐。陶弘景注："结以道德，谓以道德结连于君，若帝之臣，名为臣，实为师也；结以党友，谓以友道结连于君，王者之臣，名为臣也，实为友也；结以财货，结以采色，谓若桀纣之臣，费仲、恶来之类是也。"

【译文】

所有这一切情况，都是由于进献者的主张跟君王的内情是否相合，彼此结交是否牢固来决定的。这源自于君臣之间平时的结交所建立的感情基础。或靠道德结交；或因志同道合而结交；或靠钱财物质结交；或靠采邑、美色而结交。

【原文】

用其意，欲入则入，欲出则出；欲亲则亲，欲疏则疏；欲就则就，欲去则去；欲求则求，欲思则思①。若蚨母之从子也，出无间，入无朕②。独往独来，莫之能止。

【注释】

①用其意：按照对方的意愿喜好行事。陶弘景注："自入、出以下八事，皆用臣之意，随其所欲，故能固志于君，物莫能间也。""以下八事"，指出入、亲疏、去就、求思等。

②蚨母：昆虫名，又名"青蚨"。间：间隙。朕：征兆，迹象。陶弘景注："蚨母，似蜘蛛。在穴中，有盖。言蚨母养子，以盖覆穴，出入往来，初无间朕，故物不能止之。今内揵之臣，委曲从君以自结固，无有间隙，亦由是也。"

【译文】

能够按照对方意愿喜好去结交他，那么，想入就进，想出就出；想亲就亲，想疏就疏；想接近就接近，想离开就离开；想得到求见就可以得到求见，想被思念就被思念。就好像青蚨母子出入亲密无间。自由往来，没有谁能够阻止。

【原文】

内者，进说辞也；揵者，揵所谋也①。欲说者，务隐度②；

计事者，务循顺[③]。

【注释】

①内者进说辞也：内，就是使进言被君主采纳。揵所谋：所献计谋合乎君上之心而使关系牢固。陶弘景注："说辞既进，内结于君，故曰内者进说辞也；度情为谋，君必持而不舍，故曰揵者揵所谋也。"俞樾《读书余录》："内揵者，谓纳揵于管中。"

②欲说者，务隐度：游说时，应先暗中揣度对方之心意、喜恶。陶弘景注："说而隐度，则其说必行。"隐度，暗中揣测，估量。度，审度。

③计事者，务循顺：为人计划事情务必要顺着对方的意图去谋划。陶弘景注："计而循顺，则其计必用。"循顺：沿着顺畅的途径，遵循固有的规律。

【译文】

"内"，就是使进言被君主采纳；"揵"，所献计谋合乎君主之心而使关系牢固。所以，游说时，应先暗中揣度对方之心意、喜恶；为人计划事情务必要顺着对方的意图去谋划。所以，外在看似疏远而情感亲密的，一定是暗中情意相合；看似亲近而实际疏远的，一定是彼此志不同意不合。

【原文】

阴虑可否，明言得失，以御其志[①]。方来应时[②]，以合其谋[③]。详思来揵，往应时当也[④]。

【注释】

①阴虑：暗里考虑。明言：公开讲。御：通"迓"，迎合。自己先私下里深思熟虑，知悉事情可否后，再向君王阐明

其利弊得失，以此来掌握君主的思想意志。陶弘景注："谓隐虑可否，然后明言得失，以御君志也。"

②方：方略。应时：符合时宜。方来应时：意谓计谋方略要顺应时宜。

③以合其谋：以便与君主之谋划相合。

④详思来揵，往应时当也：首先审慎考虑如何同君主建立稳固关系，然后再考虑拟献的方略计谋是否符合时宜、合乎君王的心意。

【译文】

暗中先认真分析事情可否，再明言利弊得失，以此来掌控君主的思想意志。计谋方略要顺应当前的形势。以便与君主之谋划相吻合。但首先审慎考虑同君主建立起的稳固关系，然后再考虑拟献的方略计谋是否符合时宜，合乎君王的心意。

【原文】

夫内有不合者，不可施行也①。乃揣切时宜，从便所为，以求其变②。以变求内者，若管取揵③。

【注释】

①内：建议。夫内有不合者，不可施行也：如果进献建议或者计谋不能契合国君的意愿，就不可能被采纳并付诸实践。陶弘景注："计谋不合于君，则不可施行也。"

②揣切：揣摩。从便所为：从方便于实施的角度着手。陶弘景注："前计既有不合，乃更揣量切摩当时所为之便，以求所以变计也。"

③管：钥匙。揵：通"楗"，门闩，借指锁。以变求内者，若管取揵：如果能相机而变，那么打开君心就会像配套的

钥匙开锁一样容易。陶弘景注："以管取揵，楗必离；以变求内，内必合。"

【译文】

如果进献的计谋不合乎君王的心愿，那么就不可能得以实行。这就需要反复揣度，适应实际情况，选择适当时机，及时调整变通。如此便能更合君心，这样以变通的方法求得君主的的采纳，就会像拿配套的钥匙开锁那样容易。

【原文】

言往者，先顺辞也；说来者，以变言也①。

【注释】

①顺辞：顺乎君主之心的言辞，如此方能取得君主好感，博得君主信任；变言：指留有余地、随机应变的言辞，免得将来事件发生后，与自己所言不合，从而失去君主的信任。陶弘景注："往事已著，故言之贵顺辞；来事未形，故说之贵通变也。"顺辞，顺合君主之意的言辞。变言，变换言辞。

【译文】

在游说中涉及已发生的事件，要用顺从君主心意的言辞；在游说中涉及还未发生的事件时，要用有变通余地的话。

【原文】

善变者，审知地势，乃通于天，以化四时；使鬼神，合于阴阳，而牧人民①。

【注释】

①牧：牧养、统治。陶弘景注："善变者，谓善识通变之理，审知地势则天道可知。故曰：乃通于天。知天则四时顺理而从化，故曰：以化四时。鬼神者，助阴阳以生物者也，道通天地，乃能使鬼神，合德于阴阳也。既能知地通天，化四时，合阴阳，乃可以牧养人民。"

【译文】

善于应变的人能够审时度势，通于地利形势，以化育四时；役使鬼神，符合于阴阳变化的规律，从而牧养天下百姓。

【原文】

见其谋事，知其志意①。事有不合者，有所未知也②。合而不结者，阳亲而阴疏③。事有不合者，圣人不为谋也④。

【注释】

①谋事：谋划大事。志意：志向，意图。陶弘景注："其养人也，必见其谋事而知其志意也。"

②事：谋划之事。未知：不知道，不了解。意谓如果所献计谋不合君意，那么还是对君意了解得不够透彻。陶弘景注："谓知之即与合，未知即不与合也。"

③阳：表面。阴：指内心。阳亲而阴疏：表面上赏识亲近，实际上其内心并不以为然。

④事有不合者，圣人不为谋也：意谓圣人谋与君主必须要内心深度认同彼此信赖，如果没有信任，就不为他作谋划。陶弘景注："不合，谓圆凿而方枘。故圣人不为谋也。"

【译文】

纵横策士在给君主谋划大事时，必须洞悉君主的意愿和志趣。如果提出的方略计谋不合君主的意图，与君主的观点不一致，那原因就在于对君主的心意还有不够了解的地方。如果提出的方略计谋能够合乎君主的心意，却仍然得不到稳固、默契的君臣关系，那么就可推断，君臣之间只是表面上看起来的亲密，实际上内心却有很大的距离。如果进献的计谋与君主的心意并不吻合，圣贤之人也不会再为其谋划的。

【原文】

故远而亲者，有阴德也；近而疏者，志不合也①。

【注释】

①阴德：指双方的思想情感暗合。陶弘景注："阴德，谓隐私相德也。"

【译文】

所以，外在疏远而思想情感亲密的，思想一定暗合；表面亲近而思想疏远的，一定是彼此志向不同。

【原文】

就而不用者，策不得也；去而反求者，事中来也①。日进前而不御者，施不合也；遥闻声而相思者，合于谋待决事也②。

【注释】

①策不得：谋略不得当。事中来：中，读四声。所谋之事，被后来的事实验证了。陶弘景注："谓所言当时未合，事过始验，故曰事中来。"

②施：措施，所献之策。待：期待。陶弘景注："谓所行合于己谋，待之以决其事。故日遥闻声而相思也。"

【译文】

在身边时反而不被重用，是因计策不得当不被君主看好；离去君主反而求他回来，是因为其谋划之事被后来的事实验证了。每天侍奉在君主面前而不被重用的，一定是他的进言献策不合君主的心意；而君主远远听到他的讯息便想念他，一定是他的谋略和他的心意相合，期待他前来决断大事啊。

【原文】

故日：不见其类而为之者，见逆；不得其情而说之者，见非①。得其情乃制其术②。此用可出可入，可揵可开③。

【注释】

①类：同类事物，共同点。见逆：事与愿违。见非：遭到非议和拒绝。陶弘景注："言不得其情、类而说之者，必北辕适楚。陈轸游秦，所以见非逆也。"

②情：实情。制：制定。术：方法。陶弘景注："得其情，则鸿遇长风，鱼纵大壑，沛然莫之能御，故能制行其术也。"

③揵：此处是关闭之义。陶弘景注："此用者，谓'得'其情也，则出入自由，揵开任意也。"

【译文】

所以说，凡是不了解同类情况的解决办法便贸然行事，就一定会遭到拒绝；凡是不了解内心想法便游说人，就一定会被人否决。只有充分了解真实情况，才能制定出好的策略。按这个原则行事可以全身而退，也可以进谏献谋，开合自如。

【原文】

故圣人立事，以此先知而揵万物①。由夫道德、仁义、礼乐、忠信、计谋②。

【注释】

①立事：做成事。此：指上文提到的“得其情乃制其术”。以此先知而揵万物：以得其情而预先认识把握万事万物。陶弘景注：“言以得情立事，故能先知可否。万品所以结固而不离者，皆由得情也。”

②以此：通过此。陶弘景注：“由夫得情，故能行其仁义、道德以下事也。”

【译文】

所以，圣人立身处事，都是预先洞悉全面情况，从而控制驾驭世间万物。若向国君进献策略，首先要从道德、仁义、礼乐、忠信、计谋等途径着手。

【原文】

先取《诗》《书》，混说损益，议论去就①。欲合者用内，欲去者用外②。外内者，必明道数，揣策来事，见疑决之③。

【注释】

①取：即引用。诗：《诗经》。书：《尚书》。损益：损失和利益。陶弘景注：“混，同也。谓先考《诗》《书》之言，以同己说。然后损益时事，议论去就也。”

②合：指合于君主的心意。内：内心。欲合者用内，欲去者用外：如果是想要取得君主的信任与合作，就要在掌握君主内心方面下功夫；如果无意取得君主的信任宠幸，要做好表面

文章。陶弘景注：“内谓情内，外谓情外。得情自舍，失情自去，此盖理之常也。”

③道数：指事物发展的规律和定数。陶弘景注：“言善知内外者，必明识道术之数，预揣来事，见疑能决也。”

【译文】

首先吸收和引用《诗经》《尚书》中的内容，综合分析利弊得失，再进一步研讨是去是留。如果是想要取得君主的信任与合作，就要在掌握君主内心方面下功夫；如果无意取得君主的信任宠幸，要做好表面文章。总之，无论是内还是外，都一定要明白处理事务的规律和方法，这样才可以揣测筹谋未来之事，发现疑难及早决断。

【原文】

策而无失计，立功建德①。治名入产业，曰揵而内合②。

【注释】

①失计：失算，发生失误。陶弘景注：“既能明道术，故策无失计；策无失计，乃可以立功建德也。”

②治名：治名，辨析名分，指确立君臣的职分、规矩，并入产业，进行生产。陶弘景注：“理君臣之名，使上下有序；入赋税之业，使远近无差。上下有序，职责分明；远近无差，则徭役简。如此，则为国之基。故曰揵而内合也。”

【译文】

策略上没有失误，便可以建功立业，积累德行；分清名分，确立上下秩序；使百姓安居乐业。这便叫作“揵而内合”，即思想契合、计策被采用的结果。

【原文】

上暗不治，下乱不寤，揵而反之①。内自得而外不留说，而飞之②。

【注释】

①上、下：君主、臣下。暗：昏聩。不治：政务荒芜。寤：通“悟”。揵而反之：谋略被拒绝，君臣内情不相契合。陶弘景注：“上暗不治其任，下乱不寤其萌。如此，天下无邦，域中旷主，兼昧者可行其事，侮己者由是而兴，故曰揵而反之。”

②自得：自鸣得意。不留说：不接受别人的进言。飞：指“飞钳”。陶弘景注：“言自贤之主，自以所行为得，丽不留贤者之说，如此者，则为作声誉而飞扬之，以钓观其心也。”

【译文】

君主昏聩荒芜政事，臣下作乱而不醒悟，那么进言献策不和实情。如果君主自鸣自得而不接纳别人的建言，便使用“飞钳之术”。

【原文】

若命自来，己迎而御之①。若欲去之，因危与之②。环转因化，莫知所为，退为大仪③。

【注释】

①命：命令。迎御：愉快接受并为之努力。陶弘景注：“君心既善已，必自有命来召己；即迎而御之，以行其志。”

②危：指危害。陶弘景注：“翔而后集，意欲去之，因将危与之辞矣。”俞樾《读书余录》认为：“危，读为诡。古字诡与危通。”

③环转因化：相机应变如圆环转动。仪：原则。陶弘景注："去就之际，反复量宜，如圆环之转，因彼变化，虽傍者不知所为。如是而退。可谓全身大仪。大仪，大法，基本法则。"

【译文】

如果君主有命令来起用自己，便接受任命，施智展才。如果想要离开，就说自己在他那里继续待下去将会危害到他。顺应对方的变化而变化，就像圆环转动一样灵活，让人弄不清自己的真实的意图。能全身而退是保全自己的根本法则。

第四篇　抵　巇

千里之堤毁于蚁穴，手足情深毁于萧墙。罪魁即矛盾和漏洞！组织内部竞争，团队之间竞赛，矛盾是生产力！衣破釜漏要缝补，笊篱漏勺的价值却全在其洞。这就是“巇”，有害一定加以改善、挽回、弥补；有利想法加以利用。可治、弥补、改良、维新；不可治，需大破坏才有大建设，除旧布新丝毫不必犹豫。智者首先要善于发现漏洞，甚至要促成漏洞的出现，才会获得施展才华的机会。

【原文】

物有自然，事有合离①。有近而不可见，远而可知。近而不可见者，不察其辞也；远而可知者，反往以验来也②。

【注释】

①物有自然：物，万物，包括人事。万物都有自己运行

的规律。合：相合。离：背离。陶弘景注："此言合离，若乃自然之理。"李善《文选注》引用说："鬼谷子曰：物有自然。"

②见：看见。知：了解。反：通"返"。往：过去。来：未来。反往以验来：反观以往以预测未来。陶弘景注："察词观情，则近情可见；反往验来，则远事可知。古，犹今也。故反考往古，则可验来。故曰反往以验来。"

【译文】

万事万物都有自身运行的规律，事物在发展过程中，也有自然离合的变化。有时彼此距离很近，却互相不了解；有时相距很远，却彼此相知。距离近而互相不了解，是因为没有认真地考察对方的言辞；距离远却能彼此熟知，是因为追溯往事而验证未来。

【原文】

巇者，罅也；罅者，涧也；涧者，成大隙也①。巇始有朕，可抵而塞，可抵而却，可抵而息，可抵而匿，可抵而得，此谓抵巇之理也②。

【注释】

①罅：缝隙，漏洞。涧：夹在两山间的水沟。出自《说文解字》：涧，山夹水也。陶弘景注："隙大则崩毁将至，故宜有以抵之也。"

②朕：先兆，预兆。塞：堵塞。却：退却，排除。息：止息。匿：隐匿。得：获得。陶弘景注："朕者，隙之将兆，谓其微也。自中成者，可抵而塞；自外来者，可抵而却；自下生者，可抵而息；其崩微者，可抵而匿；都不可治者，可抵而

得。深知此五者，然后善抵巇之理也。”

【译文】

所谓“巇”，就是“涧”，“涧”就是山的裂缝。就是小裂缝变成的大缺口。裂缝开始发生时是有征兆的，可以采取不同的对策：内部而起的，堵塞它；外部出现的，击退它；下层出现的，平息它；上层出现的，保密隐藏不外泄；如果事情发展得已经无法挽救了，便用新的事物来取代它。这就是抵巇的道理。

【原文】

事之危也，圣人知之①。独保其用，因化说事，通达计谋，以识细微②。

【注释】

①危：指危险的先兆。陶弘景注：“形而上者，谓之圣人。故危兆才形，朗然先觉。”

②独保其用：指圣人能发挥独特的作用。因化说事：顺应事物变化规律来解析陈述事理。陶弘景注：“既明且哲，故独保其用也。因化说事，随机逞术，通达计谋，以经纬识微，而预防之也。”细微：危机的先兆。

【译文】

事物出现危险征兆时，圣人便能先行察觉。他能独自发挥独特的作用，顺应事物变化规律来分析陈述事理。因而能通达计谋，辨明事物的细微之处。

【原文】

经起秋毫之末，挥之于太山之本①。其施外。兆萌牙蘖

之谋，皆由抵巇。抵巇之隙，为道术②。

【注释】

①经：起始。秋毫：秋天的鸟毛。末：末端。陶弘景注："汉高祖以布衣登皇帝位，殷汤由百里驭万邦。经：始也。挥：动也。"

②施：推行。施外：指圣人向外发挥作用。兆萌：征兆，萌芽，微小的征兆。牙蘖：小嫩芽。陶弘景注："言化政施外、兆萌芽蘖之时，托圣谋而计起。盖由善抵巇之理，故能不失其机。然则巇隙既发，乃可行道术。故曰抵巇隙为道术也。"

【译文】

事发之处如秋毫之末，发展下去会像泰山的山脚那样巨大稳固。圣人用于处理外在事物时，能观察和注意到带细微的征兆，都源自于运用"抵巇"之术。针对裂缝采取措施的抵巇之术，抵巇是圣人处理事情的一个基本原则和方法。

【原文】

天下分错，上无明主，公侯无道德，则小人谗贼，贤人不用。圣人窜匿，贪利诈伪者作，君臣相惑，土崩瓦解，而相伐射，父子离散，乖乱反目，是谓萌牙巇罅①。

【注释】

①分错：分裂错乱。谗贼：用谗言伤害忠良。作：起，兴起，兴起。相惑：相互猜疑。相伐射：相互攻伐。陶弘景注："此谓乱政萌芽，为国之巇罅。伐射，谓相攻伐而激射。"

【译文】

天下分裂错乱，上面没有英明的君主，公侯大臣没有道德，小人当道，用谗言残害忠良，贤人不被任用，圣人隐居避乱，贪婪虚伪的人到处兴风作浪。君臣互想猜忌，国家土崩瓦解，相互攻伐，百姓流离失所，妻离子散，反目成仇。这种情况便叫作“萌牙巇罅”，即社会隐患的端倪。

【原文】

圣人见萌牙巇罅。则抵之以法[①]。世可以治，则抵而塞之；不可治，则抵而得之。或抵如此，或抵如彼；或抵反之，或抵覆之[②]。

【注释】

①抵之以法：意谓运用抵巇的方法予以堵塞之。

②得之：抵巇的方法予以取代之。反之：返回原来的状态。覆之：使之覆灭。陶弘景注：“如此，谓抵而塞之；如彼，谓抵而得之。反之，谓助之为理；覆之，谓因取其国。”

【译文】

圣人见到“萌牙巇罅”的征兆，便用各种抵巇方法来解决它。如果天下还可以救治，便采取措施堵塞它；如果已经不可挽救，破旧立新，建立新的体系。或者用这种措施，或者用那种措施解决；或者使它恢复如初，或者推到重来。

【原文】

五帝之政，抵而塞之；三王之事，抵而得之[①]。诸侯相抵，不可胜数。当此之时，能抵为右[②]。

【注释】

①五帝：黄帝、颛顼、帝喾、帝尧、帝舜。他们都是禅让传国。三王：夏、商、周三代开国的君主。陶弘景注：“五帝

之政，世间犹可理，故曰抵而塞之，是以有禅让之事；三王之事，世间不可理，故曰抵而得之，是以有征伐之事也。”

②诸侯：封建时期诸侯国的统治者。相抵：互相攻伐兼并。陶弘景注：“谓五伯时。右，由上也。”

【译文】

五帝之时，世道尚可治理，发现隐患便及时堵塞，改良新政；夏、商、周三王更代之时，世事已无法救药，就推倒重来，建立新政。历史上诸侯之间攻伐兼并，数不胜数。每逢此时，善用抵巇之道解决问题的人最值得推崇称道。

【原文】

自天地之合离终始，必有巇隙，不可不察也[①]。察之以捭阖，能用此道，圣人也[②]。

【注释】

①自天地之合离终始：自有天地以来，万事万物有合有离，有始有终。陶弘景注：“合离谓否泰，言天地之遭正观尚有否黍为之隙，又况于人乎？故不可不察也。”

②此道：指抵巇之道。陶弘景注：“捭阖，亦否泰也。体大道以经人事者，圣人也。”

【译文】

自开天辟地以来，天地间的万事万物有合有离，有始有终。所以，任何事物都会有裂缝产生，这是不可以不仔细观察研究的问题。要想研究这个问题就要运用捭阖之道。能够用这个方法来研究处理问题的人，便是圣人。

【原文】

圣人者，天地之使也[1]。世无可抵，则深隐而待时；时有可抵，则为之谋。可以上合，可以检下[2]。能因能循，为天地守神[3]。

【注释】

①天地之使：奉天承运的使者。陶弘景注："后天而奉天时，故曰天地之使也。"

②上合：指与上层合作。下检：指查缺补漏，收拾局面。陶弘景注："上合，谓抵而塞之，助时为治；检下，谓抵而得之，束手归己也。"

③世无可抵：世道太平，没有出现裂痕不需要堵塞。守神：能遵从天道规律。陶弘景注："言能因循此道，则大宝之位可居，故能为天地守其神祀也。"

【译文】

圣人是代表天地之道的使者。天下无事可抵，他们便隐居待时；一旦时代产生隐患，他们挺身而出，为之出谋划策。上可与君主合作使天下大治；下也可以查缺补漏，收拾局面。能够遵循自然规律而行之以抵巇之道，成为天地的守护。

第五篇　飞　箝

蛇有七寸，人有死穴。搔对痒痒他会缴械投降，揪住辫子可以让他乖乖顺从。“飞箝”乃制人之术。扬其优点可接人心，赞美可让鲜花绽放；投入感情可获信赖，温情能使冰雪消融。给人利益，可达目的；助人成功，可掌权柄。智者需因人行事，圣人会直击人性。察其异同，可纵可横；把握人性，制人制命。

【原文】

凡度权量能，所以征远来近[①]。立势而制事，必先察同异，别是非之语[②]；

【注释】

①度：度量，权衡。权：权变，人的计谋。度权量能：估量别人的智慧、谋略和才能。来：使动用法。陶弘景注：“凡

度其权略，量其材能，为远作声誉者，所以征远而来近也。谓贤者所在，或远或近，以此征来，若燕昭征郭隗即其事也。”

②势：权势，态势。制事：行事。立势：确立有利的形势。别：鉴别。陶弘景注：“言远近既至，乃立赏罚之势，制能否之事。事势既立，必先察党与之同异，别言语之是非。”

【译文】

凡是揣度评估人的权谋、衡量别人的才能，都是为了征聘远近人才。要确立有利于人的形势，制定相应的制度措施，一定先要仔细观察彼此的相同点和不同点，能鉴别出对方语言中的是与非。

【原文】

见内外之辞，知有无之数①；决安危之计，定亲疏之事②；然后乃权量之③。

【注释】

①见内外之辞：了解对方的话语中的虚实。有无之数：指是否具有真才实学。陶弘景注：“外谓浮虚，内谓情实，有无谓道术能否。又必见其情伪之辞，知其能否之数。”

②定亲疏之事：决定彼此之间的亲疏关系，即亲近他还是疏远他。陶弘景注：“既察同异、别是非、见内外、知有无，然后与之决安危之计、定亲疏之事，则贤不肖可知也。”

③权：衡量轻重。量：测量长短。陶弘景注：“权之，所以知其轻重；量之，所以知其长短。”

【译文】

要了解对方说的话是真是假，判断他有无真才实学，在此基础上才能决断事关安危的大计，确定己方与对方或是亲近或是疏远之事；然后再在实践中加以检验衡量应召前来者的情况。

【原文】

其有隐括[①]，乃可征，乃可求，乃可用[②]。引钩箝之辞，飞而箝之。钩箝之语，其说辞也。乍同乍异[③]。

【注释】

①隐括：是矫正竹木弯曲的工具。这里指订正、修正。可以引申为矫正人的错误。陶弘景注："轻重既分，长短既形，乃施隐括以辅其曲直。如此，则征之亦可，求之亦可，用之亦可。"

②求：求助。用：任用。引：拉弓，引申为运用。钩：诱导出对方实情的方法。"飞"：即飞语，赞扬对方，抬高他的声誉，以获得对方的好感。"箝"：即钳制。飞箝：即故意抬高对方，进而钳制对方的制人之术。陶弘景注："钩谓诱致其情。言人之材性各有差异，故钩钳之辞亦有等级。故引钩钳之辞，内惑而得其情曰钩，外誉而得其情曰飞。得情即钳持之，令不得脱移，故曰钩钳，故曰飞钩钳。"

③乍同乍异：乍，忽然，突然，时而相一致，时而不一致。陶弘景注："谓说钩钳之辞，或捭而同之，或阖而异之，故曰乍同乍异也。"

【译文】

如果他是能矫时救弊的可塑之才，便征召他，求助他，重用他。首先借用能捕获人心的话语，以赞誉之词来钳住他。这种以诱导手段来控制对方的话语，是一种游说辞令，其特点是在交谈之时要时而表示认同，时而表示与他相异，从而鉴别对方的实情。

【原文】

其不可善者，或先征之，而后重累[1]；或先重以累，而后毁之[2]；或以重累为毁，或以毁为重累[3]。

【注释】

①不可善：意谓对以飞箝之语难以奏效的人。重：反复。累：触动感化。重累：用各种手段反复触动他的内心，从而感化他。陶弘景注："不可善，谓钩钳之辞所不能动，如此必先命征召之。重累者，谓其人既至，然后状其材术所有，知其所能，人或因此从化者也。"化，改变，感化。

②毁：摧毁，毁灭。此处是指摧毁他的抵触或心理壁垒，从而归心于我。陶弘景注："或有都状其所有，犹未从化，然后就其材术短者訾毁之，人或过而从之。言不知化者也。"

③或：有时。有时用重累作为摧毁其内心的方法，有时用摧毁其内心作为重累的方法。陶弘景注："或有状其所有，其短自形，以此重累为毁也。或有历说其短，材术便著，以此毁为重累也。为其人难动，故或重累之，或訾毁之，所以驱诱令从化。"

【译文】

以飞箝之语难以奏效的人，有时先征召他，然后用各种手段反复触动他的内心，从而感化他。有时先不断地触动他、感化他而达到摧毁对方的心中堡垒或底线，从而归心于我。有时通过反复感化他，是为了摧毁他的顾虑或抵触；有时，摧毁他的心中堡垒是为了触动他从而征服他。

【原文】

其用，或称财货、琦玮、珠玉、璧帛、采色以事之①。或量能立势以钩之②，或伺候见涧而箝之③，其事用抵巇。

【注释】

①其用：运用飞钳之术。称：使用。琦玮：琦和玮都是美玉的一种。采色：采邑、美色。事之：供奉他，钳制他。陶弘景注："其用，谓其人既从化将用之，必先知其性行好恶。动以财货采色者，欲知其人贪廉也。"

②量能：衡量对方才能。立势：确立有利于对方的形势。陶弘景注："量其能之优劣，然后立去就之势，以钩其情，以知智谋。"

③涧：即《抵巇》中的隙。比喻对方的短处或弱点。陶弘景注："谓伺彼行事，见其涧而钳持之，以知其勇怯也。"

【译文】

运用飞钳的这种办法，或者用钱财、美玉、珠宝、绸缎、采邑、美色去收服他；或者根据他的才能，给他施展才华的机会而收服他钳制他；或者抓住他的弱点或把柄而钳制他。以上办法都是借用"抵巇之道"。

【原文】

将欲用之于天下，必度权量能，见天时之盛衰，制地形之广狭，险阻之难易，人民、货财之多少，诸侯之交，孰亲孰疏。孰爱孰憎①。

【注释】

①用之于天下：使用飞钳方法作用于君主。陶弘景注："将用之于天下，谓用飞钳之术辅于帝王。度权量能，欲知帝

王材能可辅成否。天时盛衰、地形广狭、人民多少，又欲知天时、地利、人和，合其泰否；诸侯之交、亲疏爱憎，又欲知从否之众寡。”

【译文】

使用飞钳方法作用于君王，必须揣度权衡君王的谋虑和才能，观察国运的盛衰，掌握地形的宽窄和山川险阻的难易，以及人民财富的多少。在诸侯之间的交往方面，必须考察彼此之间的亲疏、爱憎关系。

【原文】

心意之虑怀，审其意，知其所好恶，乃就说其所重。以飞箝之辞，钩其所好；以箝求之①。

【注释】

①心意之虑怀：君主内心的想法。审：仔细考察。审其意：了解其人的心意、情怀、志向。所重：最关心，最急于解决的问题或重视的事物。陶弘景注：“既审其虑怀，知其好恶，然后就其所最重者而说之。又以飞钳之辞，钩其所好。既知其所好，乃钳而求之。所好不违，则何说而不行哉？”

【译文】

还要仔细考察君王的心意、情怀、志向，要知晓他们的好恶，然后针对对方所重视的问题进行游说，再用“飞钳”之术诱出对方的偏好所在。最后再用“钳”的方法把对方控制住，使他能够随着己方的意愿而行事。

【原文】

用之于人，则量智能、权财力、料气势，为之枢机，以

迎之、随之，以箝和之，以意宜之[①]。此飞箝之缀也。

【注释】

①气势：胸襟、气度。枢机：指关键和重点。以钳和之：运用飞钳之术跟他结交，达到亲密和好。以意宜之：揣摩对方的心意，应合他的想法。缀：连缀。陶弘景注："用之于人，谓用飞钳之术于诸侯也。量智能、料气势者，亦于知其智谋能否也。枢：所以主门之动静；机：所以主弩之放发。言既知其诸侯智谋能否，然后立法镇其动静，制其放发，犹枢之于门、机之于弩。或先而迎之，或后而随之，皆钳其情以和之，用其意以宜之。如此，则诸侯之权，可得而执，己之恩又得而固。故曰飞钳之缀也，谓用飞钳之术连于人也。"

【译文】

运用飞钳之术与人打交道，就要衡量他的智慧、才能、财力，估计其气势，进而把握住关键之处，并以此为突破口，来迎合他的意图，附和他的建议，控制他促成合作。揣摩对方的心意，应合他的想法。这便是飞钳术中的结交手段。

【原文】

用于人，则空往而实来，缀而不失，以究其辞[①]。可箝而从，可箝而横；可引而东，可引而西，可引而南，可引而北；可引而反，可引而覆。虽覆能复，不失其度[②]。

【注释】

①空：指好听的空话。实：真实的情况，收到实效。陶弘景注："用于人，谓以飞钳之术任使人也。但以声誉扬之，故曰空往；彼则开心露情，归附于己，故曰实来。既得其情，必缀而勿失，又令敷奏以言，以究其辞。如此，则纵横、东

西、南北、反覆，惟在己之钳引，无思不服。”

②度：节度，控制。陶弘景注：“虽有覆败，必能复振。不失其节度，此钳之终也。”

【译文】

如果用飞钳之术在和别人打交道时，就要用溢美之词，从而使对方敞开心扉说出真情。以此使关系紧密无间，进一步研究他话语中的实情。可以合纵也可以连横；可以引他向东，也可以引他向西；可以引他向南，也可以引他向北；可以引他回头，也可以引他往反面去。进退随意收放自如，永远不会失去控制。

第六篇　忤　合

北极紫薇星是帝座，如果配不上左辅、右弼，紫薇便是孤君，一筹莫展，难成大业；那些够资格称为左辅或右弼的人，如果遇不上紫薇，同样英雄无用武之地。吕尚与周文王，包拯与宋仁宗，商鞅与秦孝公……是互相成就的。如果不是风云际会，可能都会没入凡尘，不能闪耀。缘分对双方同等重要，遇见千万不要错过！

【原文】

凡趋合倍反，计有适合①。化转环属，各有形势，反覆相求。因事为制②。

【注释】

①趋：小步快走。趋合：指意见相合就联手。倍反：指意见相左而离开。倍：通“背”，背叛，背离。计有适合：指要

有适宜的计谋。陶弘景注："言趋合反，虽参差不齐；然施之计谋，理乃适合。"

②化转环属：离合的变化，就像圆环之物，不停地变动转化。求：互相依赖。因事为制：因事制宜。陶弘景注："言倍反之理，随化而转，如连环之属，然其去就各有形势，或反或覆，理自相求，莫不因彼事情为之立制也。"

【译文】

大凡有关联合或对抗的行动。都必须要有恰当合适的计谋。离合的变化如同圆环周而复始，各自形成不同的形状、态势。因此，要根据不同事态来采取相应的措施。

【原文】

是以圣人居天地之间。立身、御世、施教、扬声、明名也，必因事物之会，观天时之宜，因之所多所少，以此先知之，与之转化①。

【注释】

①立身：指修炼自己而能自立于世。御世：处理世事。施教：实施教化。扬声：弘扬声誉。明名：显明，使动用法，使……名。会：指关键时刻、机会。因：根据。与之转化：和它一起运转变化。陶弘景注："所多所少，谓政教所宜多宜少也。既知多少所宜，然后为之增减，故曰以此先知，谓用倍反之理知之也。转化。谓转变以从化也。"

【译文】

所以，圣人在天地之间，立身行事，实施教化，弘扬自己的声誉和名望，都一定抓住事物发展的关键，要观察天时是否适宜，从而明白自己所做的是多是少，根据这一切预先了解的情况，做出相应的调整。

【原文】

世无常贵，事无常师①。圣人常为，无不为；所听，无不听②。

【注释】

①常贵：永远高贵。陶弘景注：“能仁为贵，故无常贵；立善为师，故无常师。”

②常为：疑似少一“无”，应该为“常无为，无不为”。经常顺应事物的发展规律，因而无所不为。所听：同上，应作“无所听，无不听”理解。没有偏听所以无所不听。陶弘景注：“善必为之，故无不为；无稽之言不听，故无所‘不’听。”

【译文】

世界上没有永远的尊贵，做事情也没有永远效法的榜样。圣人无所作为而无所不为；圣人听取各种情况，无所偏听而无所不听。

【原文】

成于事而合于计谋，与之为主①。合于彼而离于此，计谋不两忠②。

【注释】

①与之为主：以忤合的原理为主。陶弘景注：“于事必成，于谋必合，如此者，与众立之，推以为主也。”

②不两忠：不可能同时忠诚于对立的双方。陶弘景注：“合于彼，必离于此，是其忠谋不得两施也。”

【译文】

圣人欲成事，计谋必须要合于实际情况，必须以忤合的原理为主要依据。自己与另一方结合，必然会背离这一方，因为计谋不可能同时忠诚于对立的双方。

【原文】

必有反忤：反于是，忤于彼；忤于此，反于彼①。

【注释】

①反忤：即背反忤逆。陶弘景注：“既不两忠，宜行反忤之术。反忤者，意欲反合于此，必行忤于彼。忤者，设疑其事，令昧者不知觉其事也。”

【译文】

其中必然有顺应和谐的，也会有背反忤逆的情况：顺从这方的利益，就必然违背那方的利益；违背这方的利益，就必然顺合那方的利益。

【原文】

其术也，用之天下，必量天下而与之；用之于国，必量国而与之；用之于家，必量家而与之；用之于身，必量身材能气势而与之①。

【注释】

①其术也：指这种“反忤之术”。量：衡量。与：给与，结交。国：指诸侯各国。家：指卿大夫的封地。材能：才能，才干。气：指气质，品行。势：指权势，地位。陶弘景注：“用之者，谓反忤之术。量者，谓其事业有无。与，谓与之亲。凡行忤者，必称其事业所有而亲媚之，则暗主无从而

觉，故得行其术也。”

【译文】

实行这种“反忤之术”，如果运用于天下，一定要衡量天下的情况再决定与之结交的方式；如果运用到诸侯国，一定要衡量各国的情况再决定与之结交的方式；如果运用到大夫的封地，一定要衡量封地的情况再决定与之结交的方式；如果运用到个人，一定要衡量个人的才能、气魄再决定与之结交的方式。

【原文】

大小进退，其用一也①。必先谋虑计定，而后行之以飞箝之术②。

【注释】

①大小：指对象的大小。陶弘景注：“所行之术，虽有大小进退之异，然而至于称事扬亲则一，故曰其用一也。”

②行之以飞箝之术：即使用飞箝之术作为辅助的手段，以实现忤合的目的。陶弘景注：“将行反忤之术，必须先定计谋然后行之，又用飞箝之术以弥缝之。”

【译文】

无论对象是大是小或策略的进与退，运用忤合之术的原则都是一致的。一定先要思谋考虑，确定计谋策略之后。用“飞箝之术”来辅助施行。

【原文】

古之善背向者，乃协四海，包诸侯，忤合之地而化转之，然后以之求合①。

【注释】

①背向：背离谁与趋向谁。包：囊括，引申为兼并。善于背向者：善于运用背向之理、反忤之术的人。四海：指全天下。忤合之地而化转之：在或忤逆、或相合的不同地方灵活运用忤合之术。陶弘景注："言古之深识背向之理者，乃合同四海，兼并诸侯，驱置忤合之地，然后设法变化而转移之。众心既从，乃求其真主，而与之合也。"

【译文】

古代善于运用背向之理、反忤之术的人，可以协调四海、兼并诸侯，在不同的地方或忤或合转化运用、改变局势，借用此术以求得明主。

【原文】

故伊尹五就汤，五就桀，然后合于汤①。吕尚三就文王，三入殷，而不能有所明。然后合于文王②。此知天命之箝，故归之不疑也③。

【注释】

①伊尹：名挚，商汤的相国。陶弘景注中没有"而不能有所明"六字，据嘉庆本增加。

②吕尚：姜姓，名尚，字子牙，先祖封于吕，称吕氏，周朝丞相。俞樾《湖楼笔谈》云："吕尚事，于书传无见，盖因伊尹而类也。"陶弘景注："伊、吕所以就桀、纣者，以忤之使不疑；彼既不疑，然后得合于真主矣。"

③天命之箝：天命所系。归：这里指归顺。陶弘景注："以天命系与殷商（汤）、文王，故二臣归二主不疑也。"

【译文】

所以，商朝的开国贤相伊尹，五次投奔商汤，五次接近夏桀，然后选择了辅助商汤。周朝的开国功臣吕尚，三次接近文王，三次进入殷商考察，他不知作何选择，而后决定选择归于周文王。他们都知道天命所归，所以最后毫无疑虑地归顺明主。

【原文】

非至圣达奥，不能御世；非劳心苦思，不能原事；不悉心见情，不能成名；材质不惠，不能用兵；忠实无真。不能知人①。

【注释】

①至圣：道德高尚之人。达奥：通达高妙的道理。御世：统驭天下。原事：探究事物的本原。材质：才能和素质。忠实无真：意谓如果不能诚心忠实。惠：通“慧”，聪明。

【译文】

如果不是道德高尚的圣人，通达高深玄妙的道理，便不能统驭天下；如果不费心苦思，便不能探究事物的本原；如果不全心投入地观察世情，便不能成就美名；如果天赋不够聪慧，便不能用兵；如果不能诚心忠实，便不可能了解别人。

【原文】

故忤合之道，己必自度材能知睿，量长短远近孰不如，乃可以进，乃可以退；乃可以从，乃可以横①。

【注释】

①自度：自我度量。长短远近：指技能长短和见识远近。从：通“纵”。陶弘景注：“夫忤合之道，不能行于胜己，而必用之于不我若。故知谁不如，然后行之也。既行忤合之道于不如己者，则进退、纵横，唯吾所欲耳。”

【译文】

所以要实行“忤合之道”，一定先要衡量自己的才能智慧，估量一下技能长短和见识远近，哪方面不如别人，再去行动。做到这样，就可进可退，可纵可横，一切活动归己把握、收放自如。

下卷 成事

谋莫难于周密，说莫难于悉听，事莫难于必成。此三者，唯圣人然后能任之。若能加强自身修为，诚意正心而身修，格物致知而明理，静固意志以审势，洞悉人性而知人，必能谋划周密，说服天下，举事必成！下卷五篇细说“揣”“摩”“权”“谋”“决”五法，乃审时度势，筹谋决断之要诀。慎思之，明察之，笃行之，必能立功而建德，谓之《成事》。

第一篇　揣　篇

胸有成竹而后下笔如神，统揽全局才能稳操胜券，知己知彼自然收放自如，权衡利弊使你可纵可横。所以设谋定策的基础是充分权衡天下大势；说服对方的前提是全面了解对方的心意虑怀。揣情就是权量天下形势和揣度对方内心的技巧，也是审时度势的具体方法。

【原文】

古之善用天下者，必量天下之权，而揣诸侯之情①。量权不审，不知强弱轻重之称；揣情不审，不知隐匿变化之动静②。

【注释】

①善用：善于使用，此处指善于处理天下大事。量：度量，衡量。权：秤锤，此处借喻实力。情：实情心意。

②审：详尽、周密。称：相称、对比。动静：情况。

【译文】

古代善于凭借天下各种情势而把自己的才略运用于天下的人，必定要衡量天下政治形势的发展状况。揣测各位诸侯的真实情况和心意。如果对天下各种形势实力的衡量不详尽周密，就不了解各国强弱虚实的对比；如果对诸侯真实情况和心意的揣测不细致周密，就不了解隐蔽和变化的征兆。

【原文】

何谓量权？曰：度于大小，谋于众寡①；称货财之有无②，料人民多少、饶乏，有余不足几何③？

【注释】

①大小：指国家的大小。众寡：谋士的多少。

②称：衡量。

③料：估量。饶乏：富足与缺乏。有余不足几何：哪方面有余，哪方面不足。

【译文】

什么叫量权？回答是：度量国之大小，谋划多少；包括衡量和计算有没有财物？人民有多少？贫富状况如何？哪些方面富余，哪些方面不足？

【原文】

辨地形之险易，孰利、孰害①？谋虑孰长、孰短？揆君臣之亲疏，孰贤、孰不肖？与宾客之知睿，孰少、孰多②？

【注释】

①辨：分析判断。险易：险峻与平易。宾客：门客。

②揆：测量，揣度。亲：亲近。疏：疏远。知睿：聪明睿智。知同“智”。

【译文】

还要分析判断：地形险峻还是平易？哪里地形有利，哪里地形不利？在谋略方面哪一方高明，哪一方低劣？还要考察君臣间的亲疏关系如何，以及谁更贤能，谁不肖？还有宾客幕僚的智慧，哪一方少？哪一方多？

【原文】

观天时之祸福，孰吉、孰凶？诸侯之亲，孰用、孰不用？百姓之心，去就变化，孰安、孰危，孰好、孰憎？反侧，孰辨？能知如此者，是谓权量①。

【注释】

①诸侯之亲：指诸侯国之间关系的亲疏远近。用：指可以利用。去就变化：指民心的向背。反侧：反复无常。孰辨：如何察知。陶弘景注：“天下之情必见于权也。善修量权，其情可得而知之。知其情而用之者，何适而不可哉？”

【译文】

还要观察天时国运的发展趋势，对谁是祸，对谁是福？观察诸侯间的关系，看哪个可以利用，哪个不能利用？观察民心向背和变化状况，哪国民心安定，哪国民心危危？谁被人民拥戴，谁被人民憎恶？正向反向的情况如何察知？掌握以上这些情况，这便叫作权量。

【原文】

揣情者，必以其甚喜之时，往而极其欲也①；其有欲也，

不能隐其情。必以其甚惧之时，往而极其恶也；其有恶者，不能隐其情。情欲必出其变[②]。

【注释】

①极：极点，尽头，这里是使动用法，使……达到极点。极其欲：是对方的情感达到极点。

②情欲必出其变：意谓人的情欲必定能在其甚喜、甚惧之时表露出来。陶弘景注："夫人之性，甚喜则所欲著，甚惧则所恶彰。故困其彰著而往极之。恶、欲既极，则其情不隐，是以情欲因喜惧之变而失也。"

【译文】

揣测对方隐秘的真情，一定要在他最高兴的时候，去最大限度地刺激他的欲望，使其达到极点，他们的欲望感情处在极端状态，情不自禁，便不能隐蔽真情；一定要选在他最担心恐惧的时候，最大限度地诱发他憎恶的心理，使他情不自禁，便不能隐蔽真情。这是因为，人的情欲必定会在其甚喜、甚惧之时表露出来。

【原文】

感动而不知其变者，乃且错其人勿与语，而更问其所亲，知其所安[①]。

【注释】

①感动：有感而动。错：通"措"，安放。所安：安于什么。陶弘景注："虽因喜惧之时以欲恶感动，尚不知其变，如此者，乃且置其人，无与之语，徐徐更问斯人之所亲，则其情欲、所安可知也。"

【译文】

触动了那个人的内心感情，但还是看不到他的异常变化的人，便暂且放开他，不要与之交谈，转而去问他亲近的人，从侧面了解其安身立命行事的根据。

【原文】

夫情变于内者，形见于外。故常必以其见者而知其隐者。此所谓测深揣情①。

【注释】

①见：通“现”，表现在外的。隐者：隐藏着的实情。测深揣情：揣测深处的真实情感。陶弘景注：“夫情貌不差，内变者必见外貌，故常以其外见而知其内隐。观色而知情者，必用此道，此所谓测深揣情也。”

【译文】

一般来说，内心发生感情变化，必定会从形态上流露出来。所以，人们必定常常依据其外在表现去深入察知他所隐藏的实情。这就是揣测人内心深处的真情实感的方法。

【原文】

故计国事者，则当审权量；说人主，则当审揣情①。

【注释】

①计国事者：谋划国事的人。说：游说。陶弘景注：“审权量，则国事可计；审揣情，则人主可说。”

【译文】

所以要谋划国家大事的人，就一定要详尽地权衡天下的形势；如果要游说君主，就应当要仔细地揣度他的真情实感。

【原文】

谋虑情欲，必出于此[①]。乃可贵，乃可贱；乃可重，乃可轻；乃可利，乃可害；乃可成，乃可败。其数一也[②]。

【注释】

①谋虑情欲，必出于此：要谋划国家大事，必须仔细权衡国之形势；游说君主，必须对其内心进行揣测，摸准其心意。陶弘景注：“至于谋虑、情欲，皆揣而后行，故曰谋虑情欲必出于此也。”

②数：规律，法则。其数一也：意谓规律都是一样的，即以上所言均由自己决定控制，运用之妙就在于揣度之术。陶弘景注：“言审于揣术，则贵贱、成败，唯己所制。无非揣术所为，故曰其数一也。”

【译文】

所有的谋划、想法和愿望，以此为出发点。尽管人有贵贱之分，待遇有轻重之别，事也会有利害成败，其规律是一致的。

【原文】

故虽有先王之道，圣智之谋，非揣情隐匿无可索之。此谋之大本也，而说之法也[①]。

【注释】

①先王之道：古代先贤圣王做事的方法。此：指揣情。大本：最根本的法则。陶弘景注：“先王之道，圣智之谋，虽弘旷玄妙，若不兼揣情之术，则彼之隐匿从何求之？然则揣情者，乃成谋之本而说之法制也。”

【译文】

所以说，即使有先贤圣王的道德，有圣人智者的谋略，如果不能揣情，也无法寻求那隐匿的实情。可见，这揣情之术是谋略的根本，是游说的法则。

【原文】

常有事于人，人莫能先①；先事而至，此最难为②。

【注释】

①常有事于人，人莫能先：经常有事情发生，没有人能够比他更先预知到的。

②先事而至：事情发生之前就作好了准备。陶弘景注："挟揣情之术者，必包独见之明，故有事于人，人莫能先也。又能穷几尽变，故先事而至。自非体玄极妙则莫能为此矣。故曰此最难为者也。"

【译文】

善于"揣情"和"量权"之术的人，常常当事情来临，没有人能够比他更先预知到的。他往往在事情发生之前便已准备好，这是最难做到的。

【原文】

故曰："揣情最难守司"言必时其谋虑。故观蜎飞蠕动，无不有利害，可以生事美①。生事者，几之势也②。

【注释】

①蜎：即孑孓，蚊子的幼虫。蜎飞蠕动：特指小虫的运动。陶弘景注："蜎飞蠕动，微虫耳，亦犹怀利害之心，故顺之则喜悦，逆之则勃怒，况于人乎！况于鬼神乎！是以，利害

者，理所不能无；顺逆者，事之所必行。然则顺之招利、逆之致害，理之常也。观此可以成生事之美。”

②几：几微，事物的预兆。陶弘景注：“生事者必审几微之势，故曰生事者几之势也。”

【译文】

所以说，揣情最难掌握，游说活动必须深谋远虑选择的时机。即使是昆虫飞行爬动那样微末的事情，无不有利益与祸害的因素在推动，这利害的因素可以促使事物发生变化。使事物发生变化的起初往往是微小的形态。

【原文】

此揣情饰言成文章而后论之也①。

【注释】

①饰言成文章：修饰言辞使它具有文采。陶弘景注：“言既揣其情，然后修饰言语以道之，故说辞必使成文章而后可论也。”

【译文】

这揣情的方法，必须要修饰语言，使语言富于文采，然后就可进行论说了。

第二篇　摩　篇

智者成事在于对时局的了解和对人心的把握。好的谋略的实施在于使对方听从你的主张。正确的主张需要正确的说法，正确的方法是得其情而制其术，而后其言才能入耳，入耳才能入心，入心的前提是对对方的心意的透彻揣摩。

【原文】

摩者，揣之术也①。内符者，揣之主也②。

【注释】

①摩：切磋，研究，这里借指探测对方心理的一种方法。揣：揣摩，这里指揣摩内心情感。术：方法、手段。陶弘景注："谓揣知其情，然后以其所欲摩之，故曰摩者揣之术。"

②符：符验。这里指内在情感的外在表现。内符：内心世界和外在表现。主：主旨，目的。陶弘景注："内符者，谓情欲动于内，而符验见于外。揣者：见外符而知内情，故曰内符为揣之主也。"

【译文】

摩是揣情的一种方法。通过观察对方的外部表现而准确地判断出其内心的思想感情，这便是揣情的主旨。

【原文】

用之有道，其道必隐①。微摩之以其所欲，测而探之，内符必应；其应也，必有为之②。

【注释】

①道：法则，规律。隐：隐密。陶弘景注："揣者，所以度其情慕；摩者，所以动其内符。用揣摩者，必先定其理，故曰用之有道。然则，以情动情，情本潜密，故曰其道必隐也。"

②以：根据。微摩之以其所欲：根据其情感欲望微妙地揣度。必有为之：一定会有相应的行为。陶弘景注："言既揣知其情所趋向，然后以其所欲微而摩之，得所欲而情必动。又测而探之，如此则内符必应。内符既应，必欲为其所为也。"

【译文】

运用揣摩之术时，需要遵循一定的法则，而这个法则必须要以隐秘的法则来进行。顺着对方的情感欲望而微妙地揣度，他的内心想法一定会以相符合的形式表现出来；既然内外呼应，就必定有所作为。

【原文】

故微而去之，是谓塞窌、匿端、隐貌、逃情，而人不知，故能成其事而无患①。

【注释】

①去：离开。窌：地窖，这里指漏洞。匿端：隐匿头绪。陶弘景注："君既有所为，事必可成，然后从之。臣事贵于无成有终，故微而去之尔。若乃己不同于此计，令功归于君，如此，可谓塞窌、匿端、隐貌、逃情。情逃而窌塞，则人何从而知之？人既不知所以，息其所谮妒，故能成事而无患也。"

【译文】

在达到这个目的之后，自己便要微妙地暂且离开，这叫作"堵塞漏洞""隐匿头绪"，或者叫"隐藏外貌""掩饰实情"，使别人不了解自己的行为心理。这样，事情能办成而又不会留下祸患。

【原文】

摩之在此，符之在彼，从而应之，事无不可①。

【注释】

①此：指己方。彼：指对方。从：跟随、跟从。应：应和。陶弘景注："此摩甚微，彼应自著，观者但睹其著而不见其微，如此用之，功专在彼，故事无不可也。"

【译文】

我方运用隐秘的"摩意之术"，而显著地表现却应在对方，然后自己跟从他、应和他，便没有什么事情办不成的。

【原文】

古之善摩者，如操钩而临深渊，饵而投之，必得鱼焉。故曰：主事日成。而人不知；主兵日胜，而人不畏也[①]。

【注释】

①操钩：拿着钓鱼钩。主事：所主持的事情。主兵：主管军队。陶弘景注："钓者露饵而藏钩，故鱼不见钩瓢可得；贤者观功而隐摩，故人不知摩而自服。故曰主事日成而人不知也，兵胜由于善摩，摩隐则无从而畏，故曰主兵日胜而人不畏也。"

【译文】

古代善于摩意的人。就好像拿着钓鱼钩在深水岸边，装上钓饵投到水中，必定能够钓到鱼。所以说，这种人主持事情每每有所成但别人却不知其妙，主管军事每每都有取胜但别人并不感到畏惧。

【原文】

圣人谋之于阴，故曰神；成之于阳，故曰明[①]。

【注释】

①阴：暗中、隐蔽。神：神奇、玄妙。阳：公开地。陶弘景注："潜谋阴密，日用不知，若神道之不测，故曰神也。功成事遂，焕然彰著，故曰明也。"

【译文】

圣人谋事于在隐秘之中，所以被称为"神奇"；而他的成功都显现于公众前面，所以被成"高明"。

【原文】

所谓主事日成者，积德也，而民安之，不知其所以利；积善也，而民道之，不知其所以然；而天下比之神明也①。

【注释】

①安之：视若平常。道之：遵循其道。陶弘景注："圣人者，体道而设教，参天地而施化，韬光晦迹。藏用显仁，故人安德而不知其所以利，从道而不知其所以然。故比之神明。"

【译文】

所谓主持事情每每有所成，是所积累的德政，使人民安居乐业，却不知道谁给了他们利益；他积累善政，人人都遵循着做，却不知道为什么要这样做。所以，天下的人都把他比作神明。

【原文】

主兵日胜者，常战于不争不费。而民不知所以服，不知所以畏，而天下比之神明①。

【注释】

①不争：不用战争。不费：不耗费财用。陶弘景注："善战者，绝祸于心胸，禁邪于未萌，故以不争为战。师旅不起，故国用不费。至德潜畅，玄风遐扇，功成事就，百姓皆得自然，故不知所以服，不知所以畏，比之于神明。"

【译文】

所谓主管军事经常胜利，是说他经常不耗费资财、不战而胜，老百姓不知道为什么就服从他，为什么敬畏他。所以，天下的人都把他比作神明。

【原文】

其摩者，有以平，有以正；有以喜，有以怒；有以名，有以行；有以廉，有以信；有以利，有以卑[①]。

【注释】

①其摩者：指“摩意”的方法。陶弘景注：“凡此十者，皆摩之所由而发。言人之材性参差，事务变化，故摩者亦消息虚盈，因几而动之。”

【译文】

在实施摩意时，根据不同对象采用不同方法。有的用平，有的用正，有的用喜，有的用怒，有的用名，有的用行，有的用廉，有的用信，有的用利，有的用卑。

【原文】

平者，静也；正者，直也；喜者，悦也；怒者，动也；名者，发也；行者，成也；廉者，洁也；信者，明也；利者，求也；卑者，谄也[①]。

【注释】

①明：明白。谄：谄媚、讨好。陶弘景注：“名贵发扬，故曰发也。行贵成功，故曰成也。”

【译文】

平和就是态度平静，正直就是坦率直言；欢喜就是叫他喜悦，发怒就是叫他激动；使用名声是为了让对方的名声远播；采取行动是为了成就他；讲廉洁是为了保持他的高洁自律；讲信用是为了让人明白其人品；讲利益是为了激发其欲望、需求；讲谦卑是为了迎合对方，满足其虚荣心理。

【原文】

故圣人所以独用者，众人皆有之；然无成功者，其用之非也①。

【注释】

①所独用者：独有使用的方法。用之非也：运用的方法不得当。陶弘景注：“言上十事，圣人独用以为摩，而能成功立事。然众人莫不有，所以用之非道，不能成。”

【译文】

圣人所独自使用的摩意之术其实并不玄妙，众人都能够使用；然而之所以没有取得成功，是因为用的方法不得当。

【原文】

故谋莫难于周密，说莫难于悉听，事莫难于必成。此三者，唯圣人然后能任之①。

【注释】

①谋：谋划事情。悉听：全部听从。必成：必定成功。陶弘景注：“谋不周密，则失几而害成；说不悉听，则违顺而生疑；事不必成，则止篑而有废。皆有所难能。任之而无难者，其唯圣人乎？”

【译文】

所以说，计谋最难做的是周密，游说最难做到是让对方全部听从，做事情最难做到的是必定成功。在这三个方面，只有圣人才能够全部做到位。

【原文】

故谋必欲周密，必择其所与通者说也。故曰：或结而无

隙也[①]**。**

【注释】

①所与通者：指心思相通的人士。无隙：亲密无间。陶弘景注："为通说者谋必虚受，如受石投水，开流雨纳泉，如此则何隙而可得？故曰结而无隙也。"

【译文】

所以，要想计谋一定周密，就必须选择与自己的心思相通、志同道合的人士一起讨论，这就叫作结交共事亲密无间。

【原文】

夫事成必合于数，故曰：道、数与时相偶者也[①]**。**

【注释】

①数：天数，自然规律。时：时机。偶：配偶，这里指相配。陶弘景注："夫谋成必先考合于术数，故道、术、时三者偶合，然后事可成而功业习立也。"

【译文】

办事要想取得成功，必须要合乎天道自然规律，所以说：道理、术数和时机三者相互配合才能保证成事。

【原文】

说者听，必合于情，故曰：情合者听[①]**。**

【注释】

①说者听：使动用法，说话使人听从。陶弘景注："进说而能令听者，其唯情合者乎？"

【译文】

要想说服别人使其听从，必须与对方情感相契合，这就叫作情意相合便能使人言听计从。

【原文】

故物归类：抱薪趋火，燥者先燃；平地注水，湿者先濡①。

【注释】

①归类：是指世间万物，各归其类。薪：柴火。濡：沾湿、润泽。

【译文】

所以世间万物，各归其类：把柴火抛入火中，干燥的柴火首先燃烧；在平地上倒水，低湿的地方首先被润泽。

【原文】

此物类相应，于势譬犹是也①。

【注释】

①应：呼应。譬：打比方，譬如，譬犹，譬若。

【译文】

这就是事物同类相应的道理，至于揣摩的情势也如此。

【原文】

此言内符之应外摩也如是①。

【注释】

①内符之应外摩：指自己从外部出发去揣摩对方，对方的内心反应一定会表露出来。陶弘景注：“言内符之应外摩，得类则应，譬犹水流就湿、火行就燥也。”

【译文】

这里说的在外部揣摩试探，必然得到对方内心回应，就好像物类互相应和一样的道理。

【原文】

故曰：摩之以其类，焉有不相应者；乃摩之以其欲，焉有不听者？故曰“独行之道”①。

【注释】

①焉：疑问代词，哪里。独行之道：指独自能行得通的方法。陶弘景注：“善于摩者，其唯圣人乎？故曰独行之道者也。”

【译文】

因此说，根据实物同类的共性特征加以揣摩，哪有不相呼应的道理？顺着他的欲望去揣摩，哪有不听从的呢？所以说揣摩之术是唯一直指人心的方法。

【原文】

夫几者不晚，成而不抱，久而化成①。

【注释】

①几者：能发现事物的细微征兆和趋势而果断行动的人，不晚：不会坐失良机。不抱：不占为己有。化成：指达到出神入化的地步。陶弘景注：“见几而作，何晚之有？功成不拘，何抱之有？久行此二者，可以化天下。”俞樾《读书余录》认为“不拘”即“不居”之误。

【译文】

能发现事物的细微征兆和趋势，而果断行动的人，不会坐失良机，功成名就不居功自傲。久而久之，必获大成。

第三篇　权　篇

取予之道在于权衡，权衡的标准在于平衡，平衡之道归于玄德。“权量”乃鬼谷子取舍之道，当取则取，当舍必舍，取舍之前当统揽全局，厘清利弊，权量轻重。

【原文】

说者，说之也；说之者，资之也①。

【注释】

①说：游说。说（shuì）之：即说服对方。资之：资助对方，对对方有利。陶弘景注：“说者，说之于彼人也；说之者，有资予彼人也。资，助也。”

【译文】

游说，就是说服对方；能说服对方，是因为你说的对他有帮助。

【原文】

饰言者，假之也；假之者，益损也①。

【注释】

①饰言：即“修辞”，美化言语。假之：凭借语言以打动对方。益损：增加与减少。陶弘景注：“说者所以文饰言辞，但假借以求入于彼，非事要也。亦既假之，须有损益，故曰假之者损益之谓也。”

【译文】

对语言修饰是为了增加语言的力量；借助语言的力量，必然要对语言增减斟酌。

【原文】

应对者，利辞也；利辞者，轻论也①。

【注释】

①应对：因对答问。利辞：思维敏捷，语言明快。轻论：轻巧灵便地谈论。陶弘景注：“谓彼有所问，卒应而对之者，但便利辞也。辞务便利，故所论之事，自然利辞非至言也。”

【译文】

应答别人的疑问诘难，言辞一定要锋利，反应敏捷、语言明快；锋利的言辞就是轻巧灵便地谈论。

【原文】

成义者，明之也；明之者，符验也①。

【注释】

①成义：义，适宜，指有义理的言辞。明：观点鲜明，论

证清晰。符验：核实验证。陶弘景注："核实事务以成义者，欲明其真伪也。真伪既明，则符验自著。"故曰："明之者，符验也。"

【译文】

有义理的言辞，必须要把义理论证清晰；论证清晰，必须用实际案例来验证。

【原文】

难言者，却论也；却论者，钓几也①。

【注释】

①难言：诘难性的言辞。却论：即驳论。却，使动用法，使对方退却，和《中经》篇的"却语"近义。钓几：钓出对方内心的机密。"钓"，即《反应》篇的"钓语"之"钓"。陶弘景注："言或不合，反复相难，所以却论前事也。却论者，必理精而事明，几微可得而尽也。故曰却论者钓几也。求其深微曰钓也。"

【译文】

诘难的言辞就是反驳别人的言论；反驳的目的，是为了钓对方说出心中的机密。

【原文】

佞言者，諂而干忠①；谀言者，博而干智②；

【注释】

①佞言：巧言花语，谄媚讨好。諂而干忠：顺着对方欲望游说。干，求也，博取。《尔雅·释言》："干，求也"。陶弘景注："諂者，先意承欲，以求忠名，故曰諂而于忠也。"

②谀言：阿谀的语言。博而干智：显示渊博以博取智慧的印象。陶弘景注："博者，繁称文辞以求智名，故曰博而于智。"

【译文】

令色巧言的人，是以谄媚讨好以求得忠诚之名；用阿谀的语言的人，是显示渊博以求智慧之名。

【原文】

平言者，决而于勇①；戚言者，权而于信②；静言者，反而干胜③。

【注释】

①平言：指平实而直率的言辞。决而于勇：果决不疑的言辞以求取勇敢之名。陶弘景注："决者，纵舍不疑以求勇名，故曰决而于勇。"根据文理与后文的顺序，"平言者，决而于勇"应该移至"戚言者，权而于信"之后。

②戚言：指忧戚的言辞。权而干信：运用权衡以求得信任。陶弘景注："戚者，忧也。谓象忧戚而陈言也。权者，策选进谋，以求信名，故曰权而于信。"

③静言：指镇静陈说。反而干胜：改正原来的不足以取胜。陶弘景注："静言者，谓象清静而陈言。反者，先分不足以窒非，以求胜名，故曰反而于胜。"

【译文】

平实而直率的言辞，是通过果断不疑以求刚勇之名；表现忧愁操心的言论，是用权衡以求得信任；镇静的言论，是通过改正原来的不足，反以取胜。

【原文】

先意承欲者，谄也；繁称文辞者，博也；策选进谋者，权也；纵舍不疑者，决也；先分不足而窒非者，反也①。

【注释】

①先意承欲：曲意奉承以满足对方的欲望。繁称文辞：意谓文辞繁华虚浮。策选进谋：进献计谋时要注意策略的选择。纵舍不疑：摒弃陈见，择言而进，毫不迟疑。先分不足：原先的决定有不足。窒非：堵塞错误、漏洞。陶弘景注："己实不足，不自知而内讼，而反攻人之过，窒他谓滩，如此者反也。"按："纵舍不疑"，陶弘景误作"纵舍不宜"，今从秦恩复的乾隆刊本。

【译文】

曲意奉承以满足对方的欲望，就是谄；文辞繁华虚浮堆砌词藻，就是显示"渊博"；善于选择谋略，然后进言就是"权变"；说话时，摒弃陈见，择言而进，毫不迟疑，就是"果决"；掩饰自己的不足，反而指责别人的过失，就是"反"。

【原文】

故口者，机关也，所以关闭情意也①。

【注释】

①关，本义是门闩。机关：机关，这里借指事物的枢要、关键。关闭情意：意谓宣布和封锁内心的情意。道藏本注："口者，所以发言语，故曰口者机关也。情意宜否，在于机关，故曰所以关闭情意也。"

【译文】

所以说口是人体用来言谈的机关，如同拴好门闩一样，是用来宣布或封锁情意的器官。

【原文】

耳目者，心之佐助也；所以窥瞷奸邪①。

【注释】

①佐助：辅佐，帮助。窥：窥视。陶弘景注：“耳目所以助心通理，故曰心之佐助也。心得耳目，即能窥见间隙，见彼奸邪，故曰窥间见奸邪。”

【译文】

耳目是心的辅佐；是用来察知事物的矛盾，发现奸邪之人或邪恶之事。

【原文】

故曰参调而应，利道而动①。

【注释】

①参：通“叁”。耳、目、口三者相互协调和呼应。利道而动：因势利导发挥作用。陶弘景注：“耳、目、心三者调和而相感应。则动必成功，吉，无不利。其所无则以顺道而动，故曰参调而应、利道而动也。”

【译文】

所以说，耳朵、眼睛、口三者要在心的协调下配合呼应，因势利导去行动。

【原文】

故繁言而不乱，翱翔而不迷，变易而不危者，睹要得理①。

【注释】

①繁言：繁多的言辞。不乱：指思绪并不紊乱。翱翔：思绪飞扬。要：要旨。观察事物的关键得到规律和方法。陶弘景注："苟能睹要得理，便可曲成不失。虽繁言纷葩不乱，翱翔越不迷，变易改常而不危也。"俞樾《读书余录》认为，"变易而不危"的"危"，应该读为"诡"。

【译文】

所以，言辞繁多而思路不乱；思绪飞扬，而不迷失方向；言辞变化，而不发生危机，关键在于能够发现事物的要旨并能握其规律。

【原文】

故无目者不可示以五色，无耳者不可告以五音①。

【注释】

①五色：青、黄、赤、白、黑五种颜色。五音：宫、商、角、徵、羽五个音阶。陶弘景注："五色为有目者施，故无目不可得而示其五色；五音为有耳者作，故无耳不可得而告其五音。此二者，为下文分也。"

【译文】

所以说，对没有眼力的人不可展示五颜六色给他看，对没有听力的人不能演奏音乐给他听。

【原文】

故不可以往者，无所开之也；不可以来者，无所受之也。物有不通者，故不事也①。

【注释】

①开：开导，启发。不事：不事奉。陶弘景注：“此不可以往说于彼者，为彼暗滞，无所可开也；彼所不来说于此者，为此浅局，无所可受也。夫浅局之与暗滞，常闭塞而不通，故圣人不事也。”

【译文】

因此，有些人是无法交往的。因为他思想闭塞，无法启发诱导他；不能来游说他，因为他刚愎自用，不愿意接受别人的建议。人事物理不通的人，就不要与之谋事。

【原文】

古人有言曰：“口可以食，不可以言。”言者，有讳忌也①。众口铄金，言有曲故也②。

【注释】

①讳忌：即忌讳，禁忌。陶弘景注：“口食可以肥百体，故可食也；口言或可以招百殃，故不可以言也。言者触忌讳，故曰有忌讳也。”

②铄金：熔化金属。曲故：因私心而歪曲事实。陶弘景注：“金为坚物，众口能铄之，则以众口有私曲故也。故曰言有曲故也。”

【译文】

古人说过：“嘴巴可以吃东西，却不可随便说话。”这是因为说话有很多的顾忌和忌讳。俗话说：“众人议论，可以把金属熔化。”这是因为人们说话，往往会由于私心而歪曲事实的缘故。

【原文】

人之情，出言则欲听，举事则欲成①。

【注释】

①欲听：希望人家听从。陶弘景注："可听在于合彼，可成在于顺理。此为下起端也。"

【译文】

人之常情，说出话来总希望别人听从，办起事情都想成功。

【原文】

是故智者不用其所短，而用愚人之所长；不用其所拙，而用愚人之所工，故不困也①。

【注释】

①拙：笨拙。工：长于、善于。陶弘景注："智者之短，不胜愚人之长，故用愚人之长也；智者之拙，不胜愚人之工，故用愚人之工也。常能弃拙短而用工长，故不困也。"

【译文】

因此，智慧的人不用自己的短处，而会使用愚笨人的长处；不用自己的笨拙的方面，而会使用愚笨人的特长。这样他就不会陷于困窘的境地。

【原文】

言其有利者，从其所长也；言其有害者，避其所短也①。

【注释】

①言其有利者：说出某事物有利的原因。陶弘景注："人能从利之所长，避害之所短，故出言必见听，举事必有成

功也。”

【译文】

说某个事物对我们有利，那是因为是从它的长处来说的；说其有害，那是因为是从它的短处来说的，从其短处着眼来避免祸害。

【原文】

故介虫之捍也，必以坚厚；螫虫之动也，必以毒螫。故禽兽知用其长，而谈者亦知用其用也①。

【注释】

①介虫：甲虫。螫虫：有毒针的昆虫。陶弘景注：“言介虫之捍也，入坚厚以自藏，螫虫之动也，行毒螫以自卫，此用其所长也，故能自免于害。至于他鸟兽，莫不知用其长，以自保全。谈者感此，亦知其所用而用也。”

【译文】

所以，甲虫在捍卫自己时，必定要凭借自己坚厚的外壳；有毒针的昆虫在行动时，一定要使用自己的毒汁。可见，禽兽也懂得要使用自己的长处，游说的人当然应该懂得使用自己该使用的长处。

【原文】

故曰辞言有五：曰病、曰怨、曰忧、曰怒、曰喜①。

【注释】

①辞言：辞令。以下五类是按照说话时的语态划分的。陶弘景注：“五者有一，必失中和，而不平畅。”一本以陶弘景的注文为正文。

【译文】

应对的言辞可按语态分为五类：一是病言，二是怨言，三是忧言，四是怒言，五是喜言。

【原文】

故曰：病者，感衰气而不神也①；怨者，肠绝而无主也②；

【注释】

①衰气：气息衰弱。不神：没有精神。陶弘景注："病者恍惚，故气衰而不神也。"

②肠绝：情伤肠断，形容极度悲伤。无主：没有主见。道藏本注："怨者内动，故肠绝而言无主也。""怨者"，秦恩复乾隆刊本作"恐者"。

【译文】

病言便是气息衰弱而没有精神的语言；怨言便是伤心断肠而没有主见的语言。

【原文】

忧者，闭塞而不泄也①；怒者，妄动而不治也②；喜者，宣散而无要也③。

【注释】

①闭塞：凝滞，不通畅。泄：宣泄。陶弘景注："忧者快悒，故闭塞而言不泄也。"

②妄动：草率，鲁莽。治：有条理，有秩序。陶弘景注："怒者郁勃，故妄动而言不治也。"

③宣散：散乱。要：要领。陶弘景注："喜者摇荡，故宣散而言无要。"

【译文】

忧言便是情感凝滞而不通畅的语言；怒言便是言语鲁莽胡乱而没有条理的语言；喜言便是开朗散乱而没着要点的语言。

【原文】

此五者精则用之，利则行之①。

【注释】

①精：精通，情绪适度，思虑细密为精。利：利益，有利。陶弘景注："此五者，既失于平常，故用之在精而行之在利；其不精利，则废而止之也。"

【译文】

这五种言辞，只有精通了它的妙用才能使用，在情况有利时才能实行。

【原文】

故与智者言，依于博；与拙者言，依于辨；与辨者言，依于要；与贵者言，依于势；与富者言，依于高；与贫者言，依于利；与贱者言，依于谦；与勇者言，依于敢；与过者言，依于锐①。

【注释】

①依：依靠。博：渊博。拙：拙讷，不善言谈。辨：明辨。要：扼要。势：气势。高：高洁雅致。贱：地位低下。敢：果敢。过者：过错。锐：敏锐。

【译文】

所以，对聪慧的人说话，依靠渊博的知识；对笨拙的人说话，依靠简单明晰；跟能言善辩的人说话，依靠简明扼要为原则；跟尊贵的人说话，依靠强大的气势；跟有钱的人说话，依靠雅致高洁；跟贫穷的人说话，依靠利益；跟地位低的人说话，要注意谦和；跟勇敢的人说话，依靠果敢决断；跟愚笨的人说话，要以敏锐为原则。

【原文】

此其术也，而人常反之①。

【注释】

①反之：意谓反其道而行之。陶弘景注："此量宜发言之术也。不达者反之，则逆理而不免成于害也。"

【译文】

这就是说话的艺术，但人们常常违反了这个原则。

【原文】

是故与智者言，将以此明之；与不智者言，将以此教之。而甚难为也①。

【注释】

①此：指以上原则。陶弘景注："与智者语，将以明斯术；与不智者语，将以此术教之。然人迷日久，教之不易，故难为也。"

【译文】

所以，跟智慧的人交谈，就运用这些方法来启发他；跟不智慧的人讲话，就要用这些方法反复不断地教导他。然而，这是很难做到的。

【原文】

故言多类，事多变①。故终日言，不失其类，而事不乱②。

【注释】

①类：类别，种类。陶弘景注：“言者条流舛杂，故多类也。事则随时而化，故多变也。”

②而事不乱：事情不会错乱。陶弘景注：“若言不失类，则事亦不乱也。”

【译文】

总之，游说辞令有很多类，事情又随时变化。如果整天游说，不失其基本法则，事情就不会错乱。

【原文】

终日不变，而不失其主①。故智贵不妄②。听贵聪，智贵明。辞贵奇③。

【注释】

①主：主题、主旨。

②贵不妄：贵在不妄动乱说。陶弘景注：“不乱故不变，故存主有常。能令有常而不变者，智之用也。故其智可贵而不妄也。”

③聪：听得真。明：明智。奇：奇妙。陶弘景注：“听聪则真伪不乱，知明则可否自分，辞奇则是非有诠。三者能行，则功成事立，故须贵也。”

【译文】

纵横策士整日与人谈论，而不偏离主题。所以智慧的人可贵之处在于思想镇定不妄动乱说。听话贵在听得真，智慧贵在看得明，言辞贵在奇。

第四篇　谋　篇

谋定而动，动则必成；未谋而动，无头苍蝇！谋乃成事之本。孙子说："多算胜，少算不胜。"智者须知时、明理、顺势，权衡利弊，辩证思维。设谋更要观人内外，知其好恶，审其远近。交浅言深，反受其害。

【原文】

凡谋有道，必得其所因，以求其情①。

【注释】

①所因：因，原因、依据。因循的理论、缘由。情：内情，实际情况。陶弘景注："得其所因，则其情可求。见情而谋，则事无不济。"

【译文】

凡是为人家谋划事情，都有一定的规律和法则。就是一定要了解到事情的缘由，从而追寻出他的实情。

【原文】

审得其情，乃立三仪。三仪者，曰上、曰中、曰下。参以立焉，以生奇。奇不知其所拥，始于古之所从①。

【注释】

①审：审察，弄清楚。仪：法度，准则，等级。参以立焉：三仪互相参照。生奇：产生奇计。拥，通“壅”，被壅塞的地方。从：遵循，沿袭。陶弘景注：“言审情之术，必立上智、中才、下愚，三者参以验之，然后奇计可得而生。奇计既生，莫不通达，故不知其所拥蔽。然此奇计，非自今也，乃始于古之顺道而动者，盖从于顺也。”

【译文】

详尽地了解实情，设定三类计谋。三类计谋就是：上、中、下。三仪互相参验，相互吸收互补，确定出最恰切的那一个，奇谋就产生了。奇妙的谋略顺从天道事理，运用起来就没有什么壅蔽的地方。这是始于古代的事例的启示。

【原文】

故郑人之取玉也，载司南之车，为其不惑也①。

【注释】

①取玉：指挖掘玉石。载：乘坐。司南：指南针，古代用来测方向的仪器。

【译文】

所以，郑国人入深山采玉的时候，一定要驾上司南车，便是为了不迷失道路。

【原文】

夫度材、量能、揣情者，亦事之司南也。故同情而相亲者，其俱成者也；同欲而相疏者，其偏成者也[①]。

【注释】

①事之司南：办事成功的“指南车”。同情：情感与心意相同。相亲：互相亲近。俱成：双方都有成效，都有好处。同欲：共同的欲望。相疏：相互疏远。偏成：偏向一方有利。陶弘景注：“诸同情欲，共谦立事，事若俱成，后必相亲；若乃一成一害，后必相疏。理之常也。”

【译文】

揣度别人的才干、衡量能力、揣摩实情，就好比是谋划成事的司南。凡是思想情欲相同而互相亲近的人，是因为双方都能获利；凡是思想情欲相同而互相疏远的人，是因为只有一方获利。

【原文】

同恶而相亲者，其俱害者也；同恶而相疏者，偏害者也[①]。

【注释】

①同恶：同时被人憎恶。俱害：双方都有害。偏害：偏向一方受害。陶弘景注：“同恶，谓同为彼所恶。后若俱寄，情必相亲；若乃一全一害，理必相疏，亦理之常也。”

【译文】

凡是同时被人憎恶而关系密切，是因为双方都受到了损害；凡是同时被人憎恶而互相疏远的人，是因为偏向一方受到损害。

【原文】

故相益则亲，相损则疏，其数行也。此所以察异同之分，其类一也[①]。

【注释】

①数：法则，规律。数行：规律在起作用。陶弘景注："同异之分，用此而察。"

【译文】

所以说，相互有利就亲近，相互损害就疏远，这是规律在发挥作用而经常发生的事，也是用来审察同异之分的依据。同类事物道理都是一样的。

【原文】

故墙坏于其隙，木毁于其节，斯盖其分也[①]。

【注释】

①节：草木的枝干交接的地方。陶弘景注："墙、木之毁，由于隙、节。况于人事之变，生于同异。故曰斯盖其分。"

【译文】

因此，墙从有裂缝处倒塌，树木从有节的地方折毁，这些危亡的产生大概就是源自于事物的异同点。

【原文】

故变生事，事生谋，谋生计，计生议，议生说，说生进，进生退，退生制，因以制于事①。

【注释】

①谋：谋略。计：主张、对策。议：议论，商量。说：说辞。进：进行、实施。退：退回来。制：制约。陶弘景注："言事有根本，各有从来，譬之卉木，因根而有枝条花叶，故因变隙，然后生于事业。事业者，必须计谋成；计谋者，必须议说；议说者，必有当否，故须进退之。既有黜陟，须事以为法。"

【译文】

所以事态发生了变化，就会产生新的事端，有了新的事端就要有谋划应对；深谋远虑就会产生应对之策；应对之策必须要与人商议；商讨议论就产生了新的说辞；新的说辞符合事理就采纳实施；采纳实施过程中有不完善的地方，就要退回来加以提高完善；提高完善后确立正确的制度，可以用来指导制约事物的发展。

【原文】

故百事一道，而百度一数也①。

【注释】

①百事：百种事物。百度：各种法度。数：规律。陶弘景注："而百事百度，何莫由斯而至，故其道数一也。"

【译文】

可见，百种事情同一个道理，各种法度共一个法则。

【原文】

夫仁人轻货，不可诱以利，可使出费；勇士轻难，不可惧以患，可使据危；智者达于数，明于理，不可欺以不诚，可示以道理，可使立功，是三才也①。

【注释】

①轻货：轻视财货。出费：出费用。轻难：轻视患害灾难。据危：据于险危之地。数：天数，定律。三才：三种人才。陶弘景注："使轻货者出费，则费可全；使轻难者据危，则危可安；使达数者立功，则功可成。总三才而用之，可光耀千里，岂徒十二乘而已。"

【译文】

仁人君子轻视财货，不可用利益诱惑他，却可以叫他捐助财物；勇敢的人自然轻视危难，所以不可用患难恐吓他，却可让他据于险危之地；智慧的人通达天道事理，不可用不诚信的言行来欺骗他，可向他讲明道理，使他有机会建立功业。这是所谓仁人、勇士、智者三种不同类型的人才的对待方法。

【原文】

故愚者易蔽也，不肖者易惧也，贪者易诱也。是因事而裁之①。

【注释】

①蔽：蒙蔽。不肖：品行不端。惧：恐吓。裁：处理。陶弘景注："以此三术驭彼三短，可以立事立功也。谋者因事兴虑，宜知之而裁之。故曰因事裁之。"

【译文】

愚蠢的人容易被蒙蔽，不肖之辈容易被恐吓，贪婪的人容易被诱惑。这是因人因事而异，而采取的不同的待人处事之法。

【原文】

故为强者，积于弱也；为直者，积于曲也；有余者，积于不足也。此其道术行也[①]。

【注释】

①积：积聚、积累。行：运行，体现。陶弘景注："柔弱胜于刚强，故积弱可以为强大，直若曲，故积曲可以为直；少则得众，故积不足可以为有余。然则以弱为强，以曲为直，以不足为有余。斯道术之所行，故曰道术行也。"

【译文】

所以强大，是从弱小积聚起来的；正直，是由弯曲积累起来的；富余，是从不足积累起来的。这都是实行道术的具体表现。

【原文】

故外亲而内疏者，说内；内亲而外疏者，说外[①]。

【注释】

①外：外表，表面。内：内心。说内：通过适宜的言辞打动其内心。说外：通过游说改变其表面态度。陶弘景注："外阳相亲而内实疏者，说内以除其内疏也；内实相亲而外阳疏者，说外以除其外疏也。"

【译文】

所以，如果对方表面亲近，而内心疏远，就要通过适宜的言辞打动其内心，使之归心与你；如果对方内心与你亲近，而表面疏远，就要从改变他的外部态度入手，从而使其对你的态度上也亲近起来。

【原文】

故因其疑以变之，因其见以然之①；因其说以要之②，因其势以成之，因其恶以权之③，因其患以斥之。

【注释】

①因：因者，顺也。变之：改变策略，使之疑心改变。见：同“现”，表现。然之：使对方的看法得到肯定。陶弘景注：“若内外无亲而怀疑者，则因其疑而变化之；彼或因见而有所见，则因其所见以然之。”

②要之：归纳概括。陶弘景注：“既然见彼或有可否之说，则因其说要结之；可否既形，便有去就之势，则因其势以成就之。”

③权之：为对方权衡利弊。斥：排斥，排除。陶弘景注：“去就既成，或有恶患，则因其恶也，为权量之，因其患也，为斥除之。”

【译文】

要顺着对方的疑虑之心，改变游说的方法，以打消他的顾虑，顺着对方的表现来认同他，鼓励他；顺着对方的说法来做个归纳总结，理解他的本意；顺着对方的目前形势来帮他、成就他；顺着对方厌恶的事情，而为他权衡利弊，做好参谋；顺着对方所担心的问题，而为他设法排除。

【原文】

摩而恐之，高而动之[①]，微而证之[②]；符而应之，拥而塞之，乱而惑之[③]，是谓计谋。

【注释】

①摩：揣摩。高：指高远的言论。”陶弘景注：“患恶既除，或恃胜而骄者，便切摩以恐惧之，高危以感动之。”

②证：通“正”，证明。符：验证。符而应之：由外在的表象推测出他的内心想法，然后应和之。陶弘景注：“虽恐动之，尚不知变者，则微有所引，据以证之，为设符验以应之也。”

③拥：通“壅”，壅塞。陶弘景注：“虽为设引据符验，尚不知变者，此则惑深不可救也，便拥而塞之，乱而惑之，因抵而得之，如此者，可以为计谋之用也。”

【译文】

要揣摩透他的心意，然后恐吓他，叫他产生戒惧心理。要用立意高远的议论，使他内心产生震动。要微妙地引用先例和相应的事实来证明你的论断；由外在的表象推测出他的内心想法，然后应和之。然后闭塞他的视听，隔绝他的信息，最后打乱他的思维，迷惑他的理智，进而完全控制他。这就叫作计谋。

【原文】

计谋之用，公不如私，私不如结；结比而无隙者也[①]。

【注释】

①私：私下，秘密。结：结党，使关系牢固。陶弘景注：“公者扬于王庭，名为聚讼，莫执其咎，其事难成；私

者不出门庭，慎密无失，其功可立。故曰公不如私。虽复潜谋，不如与彼要结。二人同心，物莫之间，欲求其隙，其可得乎？”

【译文】

计谋的运用，公开商讨不如私下筹谋；私下密谋，又不如结成死党；结成了死党，生命利益与共，就不会泄密，别人也无可乘之机了。

【原文】

正不如奇；奇流而不止者也[①]。

【注释】

①正：常规、正法。奇：出人意料的，令人不测的，变法。陶弘景注：“正者循理守常，难以速进；奇者反经合义，因事机发。故正不如奇，奇计一行，则流通而不知止。故曰奇流而不止也。”

【译文】

循常规不如出奇计，奇计异谋如同流水般变化无穷、奔腾不息。

【原文】

故说人主者，必与之言奇；说人臣者，必与之言私[①]。

【注释】

①陶弘景注：“与人主言奇，则非常之功可立；与人臣言私，则保身之道可全。”

【译文】

所以游说君主时，一定要跟他讲奇策；游说大臣，一定要跟他讲私人的切身利害。

【原文】

其身内，其言外者疏；其身外，其言深者危①。

【注释】

①内：亲近。外：圈子之外。陶弘景注："身在内而言外泄者，必见疏也；身居外而言深切者，必见危也。"

【译文】

自身处于亲密地位，但说话见外，便会被逐渐疏远；自身处于圈子之外，但说话深入内部，比亲近之人更关切内情便会招来疑心而危险。

【原文】

无以人之所不欲而强之于人，无以人之所不知而教之于人①。

【注释】

①无：通"勿"，不要。人之所不欲：人们所不想要的。强：强加。陶弘景注："谓其事虽近，彼所不欲，莫强与之；将生恨怒也；教人当以所知，今反以人所不知者教之，犹以暗除暗，岂为益哉！"秦恩复乾隆刊本云："别本作无以身之所不欲。"

【译文】

不要把别人不情愿的事强加给人家；也不要把别人无法理解的事说教别人。

【原文】

人之有好也，学而顺之；人之有恶也，避而讳之。[①]故阴道而阳取之也[②]。

【注释】

①好：爱好。学：仿效。顺：顺从、迎合。恶：厌恶。讳：忌讳。

②阴道：隐秘的方式。阳取之：公开的方式获得。陶弘景注："学顺人之所好，避讳人之所恶，但阴自为之，非彼所逆，彼必感悦，明言以报之。故曰阴道而阳取之也。"

【译文】

别人有爱好，要学习而迎合他；别人有厌恶，要避开它，为他隐讳以免引起不快。所以，计谋要用隐秘的方式谋划准备，用公开的方式获取。

【原文】

故去之者，纵之；纵之者，乘之[①]。

【注释】

①去：除掉。纵：放纵。乘：乘机。陶弘景注："将，欲，必先听从，令极其过恶，过恶既极，便可以法乘之。故曰纵之者乘之也。"

【译文】

所以，将要除掉某人，姑且放纵他任其非为；放纵他正是为了抓住把柄乘机一举除掉他。

【原文】

貌者，不美又不恶，故至情托焉[①]。

【注释】

①貌：容貌。不美又不恶：不为外物所动。至：真。托：托付。陶弘景注："貌者谓察人之貌，以知其情也；谓其人中和平淡，见善不美，见恶不非，如此者，可以至情托之。故曰至情托焉。"

【译文】

如果某人见善不美，见恶不非，喜怒形于色，那便说明他修为到家，能不为外物所动。因此才可以把大事重任深情相托。

【原文】

可知者，可用也；不可知者，谋者所不用也[①]。

【注释】

①可知：可以知心知底的。陶弘景注："谓彼情宽，密可令知者，可为用谋，故曰可知者，可用也。其人不宽，密不可令知者，谋者不为用谋也。故曰不可知者，谋者所不用也。"

【译文】

可以充分了解的人，便可任用他；不可以知心交底的人，是智谋之士也不要重用他。

【原文】

故曰事贵制人，而不贵见制于人。制人者，握权也；见制于人者，制命也[①]。

【注释】

①制：控制。见：表示被动。握权：掌握事情的主动权。制命：命运被别人操控。道藏本注："制命者，言命为人

所制也。”

【译文】

所以说，办事贵在能控制别人，而不是被别人控制。所谓控制别人，便是自己要掌握事情的主动权；所谓被别人控制，便是身家命运被别人操控。

【原文】

故圣人之道阴，愚人之道阳①。

【注释】

①阴：暗中进行，不显山露水。阳：公开，张扬。陶弘景注：“圣人之道，内阳而外阴；愚人之道，内阴而外阳。”

【译文】

所以，圣人的处世之道隐秘；愚笨的人行事之道张扬。

【原文】

智者事易，而不智者事难。以此观之，亡不可以为存，而危不可以为安。然而无为而贵智矣①。

【注释】

①事易：行事容易。事难：办事困难。无为：顺应自然规律。陶弘景注：“智者宽恕，故易事；愚者猜忌，故难事。然而不智者，必有危亡之祸。以其难事，故贤者莫得申其计划。则亡者遂亡，危者遂危。欲求安存，不亦难乎？今欲存其亡，安其危，则他莫能为，惟智者可矣。故曰无为而贵智矣。”

【译文】

智慧的人行事容易，不智慧的人做事困难。由此看来，愚蠢的败亡者做的事情是没办法使其生存的，他们造成的危急的局势是无法使其转危为安的。然而，圣智之人是遵循规律而崇尚智慧行事啊。

【原文】

智用于众人之所不能知，而能用于众人之所不能见[1]。

【注释】

①众人：普通人，民众。陶弘景注："众人所不能知，众人所不能见，智独能用之，所以贵于智也。"

【译文】

智谋要用在一般人所想不到的地方，而才能要用在一般人所看不到的地方。

【原文】

既用，见可，否择事而为之，所以自为也；见不可，择事而为之，所以为人也[1]。

【注释】

①既：表示"……之后"。见可：发现可以。"陶弘景注："亦既用智，先己而后人。所见可否，择事而为之，将此自为；所见不可，择事而为之，将此为人，亦犹伯乐教所亲相驽骀，教所憎相千里也。"

【译文】

既然智慧和才能的使用贵在隐秘，那么，在使用过程中，如果可以做到隐秘，那么就选择应该做的事来悄悄去实施，这是为了确保实现自己的目的；如果在使用过程中，智慧、才能不能够做到隐秘，那么选择可以公开实施自己的谋略主张的事情来做，向对方显示自己这样做，目的是为了对方。

【原文】

故先王之道阴。言有之曰：“天地之化，在高与深；圣人之制道，在隐与匿。”非独忠信仁义也，中正而已矣[①]。

【注释】

①中正：意谓要合于中正之道。陶弘景注：“言先王之道贵于阴，密寻古遗言，证有此理，曰：天地之化，唯在高深；圣人之道，唯在隐匿。所隐者中正，自然合道，非专在忠信仁义也。故曰非独忠信仁义也。”

【译文】

所以，古圣先王的处世行事之道是隐秘的。有句话说是这样说的：“天地运行变化，在高深玄妙；圣人处事之道，在隐密藏匿。”不在于表面讲忠、信、仁、义，而是寻求到合乎事理的中正之道而已。

【原文】

道理达于此义者，则可与语[①]。

【注释】

①道理达于此义者：意谓能够通达这个道理。道藏手抄本作“道理通达此义之”。秦恩复乾隆刊本云：“原本作之，据别本改正”。陶弘景注：“言谋者晓达道理，能于此义，达畅则可与语，至而言极也。”

【译文】

能够通达这种道理的精义的人，就可以跟他谈论计谋。

【原文】

由能得此，则可以谷远近之诱[①]。

【注释】

①由能得此：如果能得到此道。陶弘景注："谷，养也。若能得此道之义，则可居大宝之位，养远近之人，诱于仁寿之域也。"

【译文】

如果能够懂得这个道理，就可以道义感召培养远近四方民众。

第五篇　决　篇

非谋之难，而断之难也。谋者尽事物之理，达时势之宜，意见所到不思其不精也，然众精集而两可，断斯难矣。故谋者较尺寸，断者较毫厘；谋者见一方至尽，断者会八方取中。故贤者皆可与谋，而断非圣人不能也。

【原文】

凡决物，必托于疑者，善其用福，恶其有患①。

【注释】

①决：决断，决策。托：委托，福，古以富贵寿考为福。《韩非子·解老》：“全寿富贵之谓福”。这里指利。善其用福：喜欢有福。恶其有患：厌恶有祸患。陶弘景注：“有疑然后决，故曰必托于疑者。凡人之情，用福则善，有患则

恶。福患之理未明，疑之所由生。故曰善用其福，恶有其患。然善于决疑者，必诱得其情，乃能断其可否也。”

【译文】

凡是给人决断事情，一定是受委托于心里存在疑惑的人。人们以得到福利为善，害怕自己有灾患。

【原文】

善至于诱也，终无惑偏。有利焉，去其利则不受也①。

【注释】

①诱：诱导对方说出实情。偏：偏颇。陶弘景注：“怀疑曰惑，不正曰偏。决者能无惑偏，行者乃有通济，然后福利生焉。若乃去其福利，则疑者不受其决。”俞樾《读书余录》认为应该这样断句：“至于诱也，终无惑。偏有利焉，去其利，则不受也。”

【译文】

善于决断的人，通常先诱导对方倒出实情，最终决断事情不会有偏颇，对方才不会感到疑惑或误解。事物总是存在利益点，如果决断不能带来利益，人们就不会接受。

【原文】

奇之所托，若有利于善者；隐托于恶，则不受矣，致疏远①。

【注释】

①托：依据、寄托。隐托于恶：隐藏在恶的表面之下。陶弘景注：“谓疑者本其利，善而决者隐其利；善之情反托之于恶，则不受其决，更致疏远矣。”

【译文】

决定奇计的依据，是让人家获得利益；如果这种利益隐藏在恶或祸患的表面之下，人家就不会接受，就可能招致疏远。

【原文】

故其有使失利者，有使离害者，此事之失①。

【注释】

①失利：失去利益。离害："离"，通"罹"。遭遇，遭遇祸害。失：失误、失策。陶弘景注："言上之二者，或去利托于恶，疑者既不更其决，则所行罔能通济，故有失利，罹害之败焉。凡此，皆决事之失也。"

【译文】

所以，在决策上如果使对方丧失利益，或者使对方遭受患害，这些都是决策的失误。

【原文】

圣人所以能成其事者，有五：有以阳德之者，有以阴贼之者，有以信诚之者，有以蔽匿之者，有以平素之者①。

【注释】

①以阳德之：就是公开的施加恩德，感化对方。以阴贼之：贼，害也。用计谋暗中伤害对方。以信诚之：待之以诚信，使人诚服。以蔽匿之：用欺瞒蒙蔽对方。以平素之：按平常的办法对待。道藏本注："圣人善变通，穷物理，凡所决事期于必成。事成理著者，以阳德决之；情隐言伪者，以阴贼决之；道成志直者，以信诚决之；奸小祸微者，以隐匿决之；循常守故者，以平素决之。"

【译文】

圣人之所以能够成就功事的原因和方法有五种：就是公开地施加恩德，感化他；用计谋暗中伤害敌方；待之以诚信，取信于人；用欺瞒蒙蔽使人不知；按平常的办法决策实行。

【原文】

阳励于一言，阴励于二言，平素、枢机以用。四者微而施之①。

【注释】

①励：勉也。这里意思是追求。阳励于一言：阳德的手段以始终如一的语言。阴励于二言：用阴匿的手段要用两种不同的话语，使对方真假难辨。平素：平时、通常。枢机：机巧的话语。枢，门的旋转轴；机，弩上的发箭装置。陶弘景注："励，勉也。阳为君道，故所言必励于一。一，无为也。阴为臣道，故所言必励于二。二，有为也。君道无为，故以平素为主；臣道有为，故以枢机为用。言一也，二也，平素也，枢机也，四者其所施为，必精微而契妙，然后事行而理不难矣。"

【译文】

如果用阳德的手段要用始终如一的语言，讲究信誉；要用阴贼的手段要用两种不同的话语，使对方真假难辨。平常的手段，加上关键时候的阳德、阴贼、信诚、蔽匿四种手段和阴、阳二手，这四种方式都要微妙地交互使用。

【原文】

于是度之往事，验之来事，参之平素，可则决之①。

【注释】

①度：度量。验：验证。参：参考。陶弘景注："君臣既有定分，然后度往验来，参以平素，计其是非，于理既可，则为决之。"

【译文】

在决策时，要用过去的事来度量，用未来的事情来检验，用平日经常发生的事做参考。如果可行的话，就可做出决断。

【原文】

王公大人之事也，危而美名者，可则决之④；

【注释】

①危：高，端正。美名：美誉。陶弘景注："危，由高也。事高而名美者，则为决之。"秦恩复校订本云："美，一本作变。"

【译文】

王公大人的事情，有五种情况可以立即决断：如果那事情崇高又能获得美好声誉，只要可行，就可以做出决断；

【原文】

不用费力而易成者，可则决之①；

【注释】

①陶弘景注："所谓惠而不费，故为决之。"

【译文】

如果那事情不用伤财费力便可以轻易地获得成功，只要可行就可以做出决断。

【原文】

用力犯勤苦，然不得已而为之者，可则决之[①]；

【注释】

①犯：遭受。不得已：不得不做。陶弘景注："所谓知之，所无奈何，安之若命，故为决之。"秦恩复乾隆刊本说："这段注解一本引作正文"。

【译文】

即使那事情办起来很费力很辛苦，但是又不得不做，只要能行，就可以做出决断。

【原文】

去患者，可则决之；从福者，可则决之[①]。

【注释】

①去患：去除忧患。从福：从，本义是跟随，而"从"则强调相随于路途之上。此处指与福相随。陶弘景注："去患、从福之人，理之大顺，故为决之。"

【译文】

这件事如果能去除忧患的，只要能行，就可以做出决断；能得到好处福利的，只要能行，就可以做出决断。

【原文】

故夫决情定疑，万事之机，以正治乱，决成败，难为者[①]。

【注释】

①机：枢机，要点，关键。陶弘景注："治乱以之正，成败以之决，失之毫厘，差之千里，枢机之发，荣辱之主，故曰难为。"

【译文】

所以，决断事情与消除疑惑，是做好万事的关键，可以正治乱，决定成败，是很难做好的。

【原文】

故先王乃用蓍龟者，以自决也①。

【注释】

①先王：指古代英明的君王。蓍（shī）：草名，俗称“蚰蜒草”或“锯齿草”。古人采取它的茎作为占卜的工具，用以推测吉凶。《周易》六十四卦，即用蓍茎反复排列组合而成。龟：指龟甲，古人用烧灼龟甲的办法占卜吉凶。商朝盛行龟卜，现代发现的殷墟甲骨文大多数是占卜的记录。陶弘景注：“夫以先王之圣智，无所不通，犹用蓍龟以自决，况自斯以下而可以专己自信，不博谋于通识者哉！”

【译文】

所以，古圣先王遇到重大问题，也要借用蓍草和龟甲占卜，从而使自己做出正确的决断。

主要参考文献

[1] 胡适. 中国哲学史大纲 [M]. 北京：商务印书馆，1925.

[2] 侯外庐，等. 中国思想通史 [M]. 北京：三联书店，1949.

[3] 郭沫若. 奴隶制时代 [M]. 北京：人民出版社，1954.

[4] 杨宽. 战国史（第3版）[M]. 上海：上海人民出版社，1955.

[5] 杜国庠. 先秦诸子的若干研究 [M]. 北京：三联书店，1955.

[6] 杜国庠. 先秦诸子思想概要 [M]. 北京：三联书店，1955.

[7] 徐中舒，何孝达. 战国初期魏齐的争霸及列国间合纵连横的开始. 四川大学学报，1956，2.

[8]〔清〕俞樾. 诸子平议 [M]. 北京：中华书局，1957.

[9] 冯友兰. 中国哲学史新编 [M]. 北京：人民出版社，1962.

[10] 孙德谦. 诸子通考 [M]. 台北：台湾广文书局，1964.

[11] 徐中舒. 论《战国策》的编写及有关苏秦诸问题 [J]. 历史研究，1964，1.

［12］公孙龙子原著 / 庞朴译注．公孙龙子译注［M］．上海：上海人民出版社，1974.

［13］冯友兰．三松堂学术文集［M］．北京：北京大学出版社，1984.

［14］曹聚仁．中国学术思想史随笔［M］．北京：三联书店，1986.

［15］翦伯赞．秦汉史［M］．北京：北京大学出版社，1991.

［16］张秉楠．稷下钩沉［M］．上海：上海古籍出版社，1991.

［17］房立中．新编鬼谷子全书［M］．北京：学苑出版社，1995.

［18］南怀瑾．易经系传别讲［M］．上海：复旦大学出版社，2002.

［19］余英时．士与中国文化［M］．上海：上海人民出版社，2003.

［20］南怀瑾．静坐修道与长生不老［M］．上海：复旦大学出版社，2004.

［21］张绪通．黄老管理［M］．北京：东方出版社，2006.

［22］张绪通．张绪通解读鬼谷子［M］．北京：东方出版社，2008.

［23］章太炎．诸子学略说［M］．桂林：广西师范大学出版社，2010.

［24］蒋伯潜．诸子通考［M］．长沙：岳麓书社，2010.

［25］钱穆．先秦诸子系年［M］．北京：九州出版社，2011.

［26］傅剑平．纵横家与中国文化（打印本）．中国国家图书馆藏．